Félix Lope de Vega y Carpio

El esclavo de Roma

Barcelona **2024**
Linkgua-ediciones.com

Créditos

Título original: El esclavo de Roma.

© 2024, Red ediciones S.L.

e-mail: info@red-ediciones.com

Diseño de cubierta: Michel Mallard.

ISBN tapa dura: 978-84-1126-263-7.
ISBN rústica: 978-84-9816-829-7.
ISBN ebook: 978-84-9897-696-0.

Sumario

Créditos _____ 4

Brevísima presentación _____ 7
   La vida _____ 7

Personajes _____ 8

Jornada primera _____ 11

Jornada segunda _____ 55

Jornada tercera _____ 101

Libros a la carta _____ 141

Brevísima presentación

La vida

Félix Lope de Vega y Carpio (Madrid, 1562-Madrid, 1635). España.

Nació en una familia modesta, estudió con los jesuitas y no terminó la universidad en Alcalá de Henares, parece que por asuntos amorosos. Tras su ruptura con Elena Osorio (Filis en sus poemas), su gran amor de juventud, Lope escribió libelos contra la familia de ésta. Por ello fue procesado y desterrado en 1588, año en que se casó con Isabel de Urbina (Belisa).

Pasó los dos primeros años en Valencia, y luego en Alba de Tormes, al servicio del duque de Alba. En 1594, tras fallecer su esposa y su hija, fue perdonado y volvió a Madrid. Allí tuvo una relación amorosa con una actriz, Micaela Luján (Camila Lucinda) con la que tuvo mucha descendencia, hecho que no impidió su segundo matrimonio, con Juana Guardo, del que nacieron dos hijos.

Entonces era uno de los autores más populares y aclamados de la Corte. En 1605 entró al servicio del duque de Sessa como secretario, aunque también actuó como intermediario amoroso de éste. La desgracia marcó sus últimos años: Marta de Nevares una de sus últimas amantes quedó ciega en 1625, perdió la razón y murió en 1632. También murió su hijo Lope Félix. La soledad, el sufrimiento, la enfermedad, o los problemas económicos no le impidieron escribir.

Personajes

Andronio
Ariodante
Arpago
Atilio, senador
Belardo
Camilo
Casandro
Cayo, senado.
Celia
César
Elorio
Eufemia
Fabio militar cartaginés
Fabio, senador
Feliciano
Flora
Fortunio
Garcelo
Julia
Léntulo, cónsul
Lidia
Lidoro
Lio
Lisias
Livio
Mauricio
Néstor
Oracio
Parmenio
Porcio
Régulo
Rutilio, soldado.

Rutilio, senador
Tereo
Tiberio
Un pregonero
Un soldado pícaro

Jornada primera

Salen Andronio y Flora.

Andronio   Hoy me despido de ti,
hoy bajo del cielo al suelo,
Flora, para todos cielo,
Flora, infierno para mí.
Y no porque desto arguya   5
mi sujeción, libertad,
si no es ir con libertad
irse por hacer la tuya.
Mándasme que no te vea,
dura sentencia mortal   10
con que ha hecho que mi mal
igual al infierno sea,
que más que su fuego siente
quien va al infierno, ¿sabes?,
a ver la pena de no poder   15
ver a Dios eternamente.
Yo condenado en revista
a tu ausencia, Flora, siento
más que todo mi tormento,
el carecer de tu vista.   20
Pluguiera a Dios que tus bríos,
tus desdenes, tus enojos,
como yo viera tus ojos,
martirizaran los míos.
Viérate yo, Flora hermosa,   25
y hicieras en mí mil suertes,
que yo sufriera esas muertes,
por vida tan venturosa.
Pero pues no puede ser
comencemos a partir,   30

que más quiero no vivir
que dejar de obedecer.

Flora   ¿Has dicho falsa sirena,
voz dulce y traidor estilo?
¿Has dicho ya cocodrilo?   35

Andronio   Ya he llorado, griega Elena,
pero no para engañarte
que fuera cosa muy nueva,
que cuando nada se lleva
en nada engaña el que parte.   40

Flora   ¿Yo te he mandado partir?

Andronio   Tú, pues.

Flora   Mira bien, que es sueño.

Andronio   Tú, como al criado el dueño
que no quiere despedir.
No me dicen vocalmente   45
que me vaya tus enojos,
mas verá un ciego en tus ojos
que deseas verme ausente.
Al alma un vestido has hecho
de cristal por donde entró   50
el Sol de mi amor y vio
el tuyo en ella deshecho.
Mas mira que te prevengo
que no puedo, aunque me incitas,
no verte si no me quitas   55
la imaginación que tengo.
Ya está el alma imaginando

que te puedo ver en ella
tan perfeta, hermosa y bella
como aquí te estoy mirando.   60
Mas verte o no después,
tú has de ser obedecida
aunque me cueste la vida
y cueste, que tuya es.

Flora   ¡Detente!, que esas razones   65
               suelen ser de amor la salsa
               con que en vuestra mesa falsa
               os dais a comer traiciones.
               ¡Detente!

Andronio   Dirás en esto,
               Flora, de mi mal burlando   70
               que es el detenerme hablando
               para no partir tan presto.
               Pues aguarda, que me importa
               ver cómo el alma se carga
               para jornada tan larga,   75
               para partida tan corta.
               Mucho, dulce ingrata, siento
               que con mis prendas te alejas.

Flora   Dirás que el alma me dejas.

Andronio   Dejo aquí mi entendimiento.   80
               Si voy sin él voy sin mí,
               mas justamente se queda
               por no tener en qué pueda
               encender, que estoy sin ti.
               La voluntad que era mía   85
               quédese a ver lo que pasa,

aunque ya, Flora, en tu casa
es alhaja muy baldía.
Ya que es fe sin obras muerta
mi amor quisiera sacar, 90
mas habrele de dejar
por no derribar la puerta.
Partamos, pues, que es afrenta
pedir lo que ya le dio,
que más siento, Flora, yo, 95
saber que quedas contenta.
Mil años goces, amén,
de quien tanto mal me ha hecho,
que aunque me echa de tu pecho
no le he visto ni sé quién. 100
Pero pues ya te reservas
de mi amorosa fatiga,
dime de qué tierra amiga
te enviaron esas yerbas.
Que puesto que es verdadero 105
mas que tuyo el mal en mí,
también habrá para mí
algún remedio extranjero.
Dime esas yerbas divinas,
pero sospecho que hay pechos 110
que no toman bien a pechos
extranjeras medicinas.
Pues mi remedio te fío
cuando de mi mal te arguyo
qué desdén se iguala al tuyo 115
ni qué amor se iguala al mío.
Pero dure tu desdén,
adiós, Flora celestial,
que el penar por ti es un mal
más rico que el mayor bien. 120

Flora	¡Oye, necio!
Andronio	¡Tú lo eres en detener mis extremos!
Flora	Como esos bravos tenemos de un cabello las mujeres.
Andronio	Piensa que del monte al llano 125 detienes deshecho el yelo, piensa que a un rayo del cielo pones cayendo la mano o que a las nubes que llueven balas de granizo espera 130 o que detiene la esfera con que las otras se mueven. O que puedes hacer hoy que el Sol deje de correr, que eso mismo es detener 135 la furia con que me voy.

(Vase.)

Flora	Gran deseo de olvidarme, mas que tus celos, Andronio, me dejas por testimonio de que lo ha sido el dejarme. 140 De Ariodante tienes celos, puesto que no le conoces y mejor así me goces; guarden tu vida los cielos. Que dejando que pretende 145 mi padre con él casarme

ellos saben que mirarme
me mata, agravia y me ofende,
eras mi primero amor,
soy en África otra Dido,   150
o tú has de ser mi marido
o he de matarme en rigor,
que no a menos me provoca
ese Ariodante, ese hombre.

(Sale Ariodante.)

Ariodante   Gracias a Dios que mi nombre   155
                 oigo, señora, en tu boca.
                 Que oír el nombre presente
                 de la hermosa prenda amada
                 cuando ella está asegurada
                 que tiene su dueño ausente   160
                 es la gloria de más gusto
                 que se puede imaginar.

Flora   ¿Hasme oído tú nombrar
                 tu nombre?

Ariodante   A tiempo que es justo.
                 Porque entre tu padre y yo   165
                 queda concertado aquí
                 ser tu esposo.

Flora   Dijo sí.

Ariodante   Como tú no digas no...
                 Y esto tan efetuado
                 que ya me parto a mi tierra,   170
                 donde Roma intenta guerra

por el agravio pasado.
Y quiere tu padre y mío
que saque de allí mi hacienda,
hasta agora en encomienda   175
de Cloridano mi tío.
Porque si acaso el romano
la combate a sangre y fuego
esté en salvo, y quiere luego
que me des tu hermosa mano.   180
Tiempo tendrás de pensar
si te está bien mientras voy,
aunque palabra te doy
que me debes, Flora, amar.
Por la fe más verdadera   185
que jamás hombre a mujer
pudo en el mundo tener,
ya el alma respuesta espera.
Ya aguardo de los claveles
de esos labios la sentencia,   190
declare en mi presencia,
menos cruel que otras veces.
No respondes, no me espanto,
hasta que tu padre diga
que mi camino prosiga   195
y que tú enmudezcas tanto.
¡Oh, vergüenza!, mas no importa,
el temor la lengua embarga,
que el amor después alarga
cuanto la vergüenza acorta.   200
Mas ya que en mi casamiento,
Flora, no me dices nada,
o de vergüenza ocupada
o de ajeno pensamiento.
¿Qué mandas en mi partida?   205

¿Qué mandas en esta ausencia?
Y di si me das licencia
para dejarte, mi vida.
¿Qué te traeré de Cartago?
¿Qué sedas, qué joyas quieres?　　　　　210
Háblame, mi esposa eres,
no me des, Flora, ese pago.
¡Por los dioses, que te adoro!

Flora

¿En fin te vas?

Ariodante

Hoy me voy,
tu esposo, mis ojos, soy.　　　　　215

Flora

Noble Ariodante, eso ignoro.
Pero si mi padre gusta
de que yo tenga ese gusto,
ese tendré por muy justo.

Ariodante

Respuesta discreta y justa.　　　　　220
Que se acaba de tratar
es tan sin duda que agora
me dio licencia, señora,
para que te entrase a hablar.
Parece que te ha pesado　　　　　225
que al honesto rostro diga
la pena a que amor me obliga,
necio como desposado.
Si tú callas por sentillas.
qué más respuesta y favores,　　　　　230
qué palabras de colores
con rosas de tus mejillas.
Con el susto que recibe
en la nieve de un papel,

	con la pluma de un clavel,	235
	tu vergüenza, amor, me escribe.	
	Dame tus manos hermosas	
	y licencia a tantas penas,	
	que bien es darme azucenas,	
	pues me has dado tantas rosas.	240

Flora   Parte, Ariodante, seguro
de lo que mi padre quiere.

Ariodante   Tu vida el cielo prospere,
que es solo el bien que procuro.
¿Qué traeré de allá?

Flora   A ti mismo.   245

Ariodante   Harto has dicho, yo me voy
deste cielo donde estoy
en tu presencia al abismo.
¿No me darás esa mano?

Flora   Hasta dártela no sé.   250

Ariodante   Con guante la tomaré.

Flora   Ya pasas de cortesano,
vete.

Ariodante   Aquesta diligencia
es morir con medicinas.

Flora   Casi tu muerte adivinas.   255

Ariodante   Qué mayor que la de ausencia.

Flora	Amor, en esta ocasión
	me has dado muerte y remedio,
	que morir o tierra enmedio
	únicos remedios son. 260
	Será pues, mi Andronio, agora
	con un papel avisado
	Lidia.

(Lidia sale.)

Lidia	Señora.
Flora	¿Hay recaudo
	para escribir?
Lidia	Sí, señora,
	aquí te puedes poner. 265
Flora	Aquí me pongo a escribir.

(Andronio sale.)

Andronio	¿Hay más furioso partir
	ni más humilde volver?
	Como la pelota fui,
	que vuelve a quien la tiró 270
	cuando en la pared tocó,
	así yo en las puertas di.
	Jugome de aquí un desdén,
	estaba en la puerta, amor,
	y con el mismo furor 275
	me vuelve a jugar también.
	Y es la pelota tan alta

	que he pasado el corredor, muy recio jugaba, amor, sin duda que hicistes falta. ¿Mas cómo es esto?, ¡ay de mí!, Flora escribe, ¿a quién será? Flora.	280
Lidia	¡Ay, señora, que aquí está Andronio!	
Flora	¿Eres tú?	
Andronio	Sí.	
Flora	Sí. ¿Pues no te fuiste?	
Andronio	Quisiera.	285
Flora	¿Pues qué, no pudiste?	
Andronio	No, que fui piedra que tocó en esa pared frontera, ¿qué escribías?	
Flora	Un papel.	
Andronio	Muestra.	
Flora	Eso no.	
Andronio	Muestra digo.	290

Flora	Ya no se fue tu enemigo.
Andronio	Yo he de ver lo que hay en él.
Lidia	¡Ea, no riñáis ahora, a ti te escribe, por Dios!
Andronio	Qué buenas estáis las dos.

295

Lidia	Dile la verdad, señora.
(Lea.)	Aquel hombre que sabes se ha ido en ese punto, y no poco desconfiado, si sabes en el que está mi amor, vuelve a remediar la soledad en que me dejas.
Andronio	¿Qué hay que leer? ¡Ay, traidora! ¡Ah, falsa!
Flora	Pues bien ¿qué tienes?, parece que loco vienes. Es más que llamarte agora, porque aquel hombre se fue con quien me quiere casar.

300

Andronio	¿Pues qué, vuélvesme a engañar?
Flora	¿Pues qué hay más?
Andronio	Yo lo diré: aquí dice que aquel hombre es ido y ese soy yo, que agora me fui.

305

Flora	Eso no,

el engaño está en el nombre.

Andronio	En tu alma está el engaño	
	y en la mía está el dolor,	310
	no era en vano tu rigor.	

Flora   Oye, amigo, es desengaño.

Andronio   ¿Qué desengaño?, si agora
             salgo de aquí y el papel
             dice lo mismo.

Flora   Es por él,   315
             ¿no estuvo aquí?

Lidia   Sí, señora.

Andronio   Después que salí de aquí
             ningún hombre ha entrado acá.

Flora   Digo que de aquí se va
             y que te avisaba a ti.   320

Andronio   No puede ser.

Flora   ¿Cómo no?

Andronio   Porque estuve en el portal,
             como el atado animal,
             lo que la soga alcanzó.

Flora   Dentro de casa estaría   325
             Ariodante.

| Andronio | Pues si estaba, |
| | ¿cómo no ha salido? |

Flora	Acaba.
	Que miras por celosía.
	Apártala de tus ojos
	si quieres ver tus engaños.	330

Andronio	No quiero más desengaños,
	que es acrecentar enojos.
	Tú le llamabas sin duda
	y así me dejaste ir;
	mintiendo pensé decir	335
	lo que ya en verdad se muda.
	Yo me apartaré de ti,
	yo me partiré a la guerra,
	yo iré donde me destierra
	la crueldad que he visto en ti.	340
	Luego me parto a Cartago,
	iré a la guerra africana
	donde una lanza romana
	haga en este pecho estrago.
	En él, si tengo cruel	345
	y no me pienso guardar,
	que dejándome matar
	quiero que se mate en él.

| Flora | ¿Dices todo eso de veras? |

Andronio	Flora, no me estoy burlando.	350
	Cuando tú te estás casando,
	¿qué burlas de Andronio esperas?

| Flora | Yo, si no es contigo... |

Andronio	¡Ah, cielos,
	que aún me engañas y porfías!

Flora	Mira que son fantasías	355
	y ilusiones de tus celos.	

Andronio	Fantasías y ilusiones	
	o lo que quieres que sean;	
	hoy quiere amor que se vean	
	tus obras y mis razones.	360
	Roma me dará la muerte,	
	Cartago la sepultura.	

(Vase Andronio.)

Flora	¡Qué temeraria locura!,
	¡oye, mi señor, y advierte!,
	¡oye, vuelve!

Lidia	Ya se fue,	365
	no tienes que le llamar,	
	si hay pared en que topar	
	podrá ser que vuelta dé.	

Flora	Mísera yo que ocasión	
	hoy a los cielos he dado	370
	que han reducido mi estado	
	al de mayor perdición.	
	¡Que aquí viniese Ariodante!	

(Sale Ariodante y Tiberio, padre de Flora.)

Tiberio	Oye, que trata de ti.

Ariodante	Digo, señor, que la vi	375
	con vergüenza semejante	
	y temiendo algún rigor	
	causado de mi presencia	
	quise pedirle licencia.	

Tiberio	Fue por entonces mejor,	380
	pero escucha que tratando	
	está con Lidia de ti.	

Ariodante	Sin duda trata de mí
	pues yo me estoy abrasando.

Flora	¿Es posible que haya sido	385
	mi desdicha desta suerte,	
	que para darme la muerte	
	se haya de mis ojos ido	
	a Cartago? ¡Ay, Lidia, hoy muero!	
	Mi bien se me va a Cartago.	390

Tiberio	¿Tan presto has hecho este estrago
	a su honor, noble extranjero?

Ariodante	¿Pues qué dice?

Tiberio	Que su bien
	a Cartago se ha partido.

Ariodante	Es posible que he tenido	395
	vitoria de su desdén,	
	su bien dice que se va	
	a Cartago.	

Tiberio	Escucha un poco.
Ariodante	Querrás que me vuelva loco.
Flora	Sin duda mi padre está fuera de toda razón, por él se me va mi dueño.	400
Tiberio	Esto es cierto.
Ariodante	Yo lo sueño.
Tiberio	Notables palabras son. De mí se queja, Ariodante, porque te dejo partir.	405
Flora	Tras él me tengo de ir aunque mi locura espante. No sufriré estar sin él; Lidia, a Cartago me lleva amor.	410
Tiberio	¡Qué notable prueba de un pensamiento cruel! Nunca es bien que las mujeres sepan con quién las intentan casar sus padres, que cuentan muy apriesa sus placeres. Nunca se ha de proponer casamiento dilatado, dicho y hecho es acertado en la más noble mujer. Con solo tratar de ti a mi hija enamoré,	415 420

	su honrado pecho abrasé	
	y mi autoridad rompí.	
Flora	Si mil muertes, Lidia mía,	425
	mi cruel padre me diese,	
	no es posible que no fuese	
	antes que pasase el día.	
Tiberio	¿Adónde?	
Flora	¿Yo?	
Tiberio	Tú, cruel,	
	haciendo en mi honor estrago.	430
Flora	¿Yo, señor?	
Tiberio	Tú, que a Cartago	
	vas a sembrar guerra en él.	
	Que como otro Agamenón,	
	si allá fueras, le cerrara	
	diez años y mil.	
Flora	Repara,	435
	que ha sido imaginación.	
Ariodante	Señor, si mi amor la obliga,	
	que su esposo vengo a ser,	
	lo que no tiene de hacer	
	que te ofende que lo diga.	440
	Verdad es que digo, Flora,	
	que a Cartago va tras mí,	
	mas no lo ha de hacer así	
	que aquí tiene a quien le adora.	

	Remédialo con casalla	445
	y cuando casado esté	
	allá por mi hacienda iré	
	o podré entonces llevalla.	

Tiberio	Bien dices, así ha de ser,	
	yo quiero, aunque no era justo,	450
	ser tercero de tu gusto,	
	hoy ha de ser tu mujer.	
	No quiero que con la furia	
	del amor que ha puesto en ti	
	se vaya cual dice aquí	455
	haciendo a su sangre injuria.	
	Entra luego a aderezarte	
	mientras viene quien os dé	
	las manos.	

Ariodante	¡Que el cielo esté,	
	Tiberio, tan de tu parte!	460
	Haz lo que dices.	

| Tiberio | ¿Quién duda | |
| | que no lo puedo escusar? | |

Flora	Un azar tras otro azar	
	y siempre al mayor se muda.	
	Lidia, conmigo te ven,	465
	verás un hecho notable.	

| Lidia | Habla. | |

| Flora | ¿Qué quieres que hable? | |

(Vanse.)

Ariodante	Vergonzosa va también.	
Tiberio	No me espanto, que el saber	
	que he conocido su amor	470
	la habrá puesto algún temor.	
Ariodante	Mal has hecho, que es mujer.	
	Tratarela como mía	
	cuando no por hija tuya.	
Tiberio	Ahora bien, hoy se concluya	475
	lo que dilatar quería.	
	Que no me espanto, aunque viejo,	
	de que está la voluntad	
	fácil en la mocedad	
	sin experiencia y consejo.	480

(Sale Fortunio, criado de Ariodante.)

Fortunio	¿Está Ariodante aquí?	
Ariodante	¿Qué es lo que quieres?	
Fortunio	Hoy será necesaria tu partida.	
Ariodante	Que no puedo, respondo.	
Fortunio	¿De qué suerte?	
Ariodante	De que es forzoso, amigos, que tengamos	
	en aquesta ciudad algunos días.	485

Fortunio	Señor, si solo ver sus altos muros,
	sus bien trocadas y anchurosas calles,
	sus varios edificios que compiten
	con la griega y romana arquitectura,
	sus jardines que exceden los pensiles, 490
	la gentileza de sus ciudadanos
	y la hermosura de sus damas célebres
	te detiene aquí en Tiro, no parece
	bastante escusa de dejar tu casa
	casi en poder de la romana gente, 495
	que por la rebelión pasada envía
	el Senado furioso al cónsul Léntulo,
	que acosando los aires con las letras
	que han puesto espanto con su bandera al mundo
	está sobre los muros según dicen. 500
Ariodante	Fortunio, ya esas nuevas se tenían,
	no es posible que el mar esté sujeto
	como la tierra a Roma, ni es posible
	que el Cónsul le pasase en menos tiempo
	que de Abido pasaba a Sesto Leandro. 505
Fortunio	Que está cerca se dice por muy cierto,
	pon en salvo tu hacienda cuando puedes
	y luego acabe Roma con Cartago
	como en el tiempo de Cipión lo hizo.
	Si fuera ahora vivo aquel famoso, 510
	aquel Aníbal fuerte, aquel espanto
	de Roma, no viniera solo el Cónsul
	y tú seguro en Tiro descansaras
	de que tu hacienda no volviera a Roma
	en plumas y cadenas de soldados, 515
	mas ya casi en lo último rendida
	y echada por el suelo, ¿qué pretendes?

Tiberio	Hijo, bien dice, la partida apresta	
	pues no tienes qué hacer ahora en Tiro,	
	pues solo con tomar la mano a Flora,	520
	hechas las escrituras y conciertos	
	podrás estar seguro de que es tuya.	

| Ariodante | Bien dices, mi señor, llamen mi esposa. | |

| Fortunio | ¿Haste casado? | |

| Ariodante | ¿No lo ves? | |

Fortunio	¿Pues cómo	
	cosa que ha de durar lo que la vida	525
	en un hora la escoges?	

Ariodante	Mira, necio,	
	todas las cosas dan en este mundo	
	unos hombres a otros con sus tratos,	
	mas la vitoria y la mujer el cielo,	
	y así con poca gente se ha vencido	530
	y en poco tiempo hallado mujer buena,	
	¿qué importa que algún rey lleve un ejército	
	de cien mil hombres si le vencen treinta?	
	¿Y qué importa que un hombre un año o cuatro	
	busque mujer, si ya cuando la tiene	535
	le sale diferente que pensaba?	

Fortunio	Digo que me concluyes, pero dime	
	¿es pobre?	

| Ariodante | Es rica, hermosa y bien nacida. | |

Fortunio	Pues cierra el pliego y pon la fecha a tantos,
	que esas tres condiciones no se juntan 540
	si no es por gran ventura o gran milagro.

(Sale Lidia.)

Lidia	¿Habrá jamás tal cosa sucedido,
	habrase oído tan mortal tragedia
	ni caso más cruel y lastimoso?
Tiberio	¿Qué tienes, sombra, qué lamentas, Lidia? 545
Lidia	Acude, infelicísimo Tiberio,
	que tu hija se ha muerto.
Ariodante	¡Cielo santo!
Tiberio	¡Mi hija, ay, cielo! ¿Cómo?
Lidia	Paseándose
	en el terrero que deciende al río,
	con imaginación del casamiento 550
	puso los pies en un cortado tronco
	que algunas hojas verdes encubrían
	y resbalando por la blanda arena
	cayó en el río a vista de estos ojos.
Tiberio	¡Oh, grave mal!, ¡oh, extraña desventura! 555
	¡Criados, hijo!
Ariodante	¡Mísero Ariodante,
	qué desengaño de la vida es este!
	¡Oh, Sol, que por el agua te pusiste
	como el del cielo que en la mar se pone!

Camina allá, Fortunio, a ver mi muerte.   560

Fortunio   Si fuera fea, pobre y mal nacida
                  ella viviera hasta acabar tu vida.

(Vanse y sale una caja, Lisias, capitán, haciendo gente, y Fabio con él.)

Lisias   Si se apresura el Cónsul, de tal suerte
                  mal se defenderá la ciudad, Fabio.

Fabio   Dicen que es hombre, Léntulo, muy fuerte,   565
                  diestro en la guerra cuanto en la paz sabio
                  y que a su gente cada día advierte
                  que de su patria venguen el agravio
                  con más grave retórica y razones
                  que mejor de los cuatro Cipiones.   570
                  Ha hecho puentes de cortadas hayas
                  para pasar la gente por los ríos
                  y tanta ha conducido que en las playas
                  deja los llenos de favor vacíos.

Lisias   Presumirá que acá vestimos sayas   575
                  y que nos faltarán viriles bríos,
                  dirá el Cónsul que son nuestras personas
                  de inútiles eunucos o amazonas.
                  Pues venga, que aún quedaron en Cartago
                  reliquias de Aníbal y una centella,   580
                  en las cenizas muertas de su estrago,
                  que puede Roma hallar incendio en ella.

(Sale Arpago, soldado.)

Arpago   ¿Quién escribe?

Fabio	Yo soy.
Arpago	Pues Arpago.
Fabio	¿Pues de dónde eres?
Arpago	De Aripa.
Fabio	Yo fui a vella habrá dos meses.
Arpago	Es ciudad famosa. 585
Lisias	Tú nos dirás después si es belicosa.
Arpago	No la pienso, por Dios, hacer cobarde.

(Sale Tereo.)

Tereo	Un soldado hay aquí si hay quien le escriba.
Lisias	¡Con qué braveza!
Tereo	Júpiter te guarde, ¿hay capitán aquí que me reciba? 590
Lisias	Fabio, este escribe.
Tereo	Haced un fuerte alarde que esta vez ha de ser Roma cautiva. Contra el Cónsul salgamos.
Lisias	Buen mancebo.

Fabio	Por esto verás hoy Hércules nuevo.	

[Sale Casandro.]

Casandro	Cuando se ponga en esa lista el nombre	595
	deste soldado que tenéis presente,	
	bastará para hacer que solo un hombre	
	como otro Oracio en la romana puente	
	al Cónsul, al Senado, a Roma asombre.	

Lisias	¿Qué dices? Di.	

Casandro	Que despidáis la caja	600
	en llevando a Casandro aquesta empresa.	

Lisias	Buena satisfación de honrado es esa.	

(Sale un Soldado Pícaro.)

Pícaro	Roma otra vez, por vida del gran Marte,	
	que como el tafetán Cartago cruja	
	de su bandera al viento y Felinarte	605
	la lanza ponga en la acerada cuja,	
	que he de llegar a Roma y mi estandarte	
	poner trepando en la más alta aguja	
	del Foro o Capitolio, esto se sufre	
	sin abrasarla en alquitrán y azufre.	610
	¡Oh, qué graciosos son los romanillos	
	llenos de afeite, baños y lascivia!	
	Piensan que son acá los mozalbillos	
	vaciados en arena o blanda scivia,	
	que comemos lechugas como grillos,	615
	lengua de buey, bebiendo o clara endivia,	
	pues hombre hay por acá que por Apolo	

que come un buey y bebe un cuero solo.
Retórica romana, libios, toga
pretesta, erario, escévolas, torcatos, 620
no hay acá eso, sino iza, boga
y andar como los perros y los gatos,
hombre hay que con el cabo de una soga
a espalda y pecho ceñirá dos platos
y irá con esto a prueba de dos chuzos. 625
¿Quién es Lisias aquí?

Lisias   Yo soy.

Pícaro   Escribe
                  a Felisarte.

Lisias   Así quiero el soldado
                  que esté, porque no estima lo que vive
                  pelea como un tigre desatado.

(Sale Andronio.)

Andronio   Aquí, pues que la yerba me recibe 630
                  es cierto que las paces me han dejado,
                  ¡ah!, Flora desleal, aqueste día
                  tu paz traidora a guerra cruel me envía.
                  Casástete, enemiga, que no para
                  en menos daño una mudanza breve. 635
                  ¡Oh, qué bien entra aquí, quién lo pensara!,
                  aunque esto a nadie disculparle debe,
                  si vi mi muerte en sus engaños clara,
                  justo valor mis pensamientos mueve,
                  que es infamia morir poniendo en guerra 640
                  a manos de mujer y en propia tierra.
                  Escribe, amigo, a Andronio.

Fabio	¿De dónde eres?
Andronio	De Tiro soy.
Fabio	Ya escribo Andronio y Tiro.
Andronio	Pues di que ha sido el tiro de mujeres
	que suele ser el más dañoso tiro. 645
Fabio	Estoy por apostar que alguna quieres.
Andronio	Conócese en los ojos con que miro.
	No pongas paga que ya tengo el pago,
	di que vengo a morir.
Fabio	¿Dónde?
Andronio	En Cartago.

(Sale Lidoro.)

Lisias	Bien puedes aprestar la gente al punto 650
	y correr la ciudad.
Lidoro	¿De qué manera?
Lisias	Todo el poder de Roma viene junto,
	el polvo haciendo un toro al alta esfera,
	no menos que a Numancia y a Sagunto
	amenazando viene su bandera. 655
Lidoro	Ánimo, amigos.

Pícaro	Basta que me tengas.
Andronio	Hoy, Flora ingrata, de mi amor te vengas.

(Vanse y sale Flora en hábito de pastorcilla con unas alforjas.)

Flora	Tirano soldado mío	
	que así quebraste la fe	
	¿adónde hallarte podré,	660
	pues las quejas que te envío	
	vuelven quejosas de ti?,	
	que no solo no respondes,	
	pero que dellas te escondes	
	y vas huyendo de mí.	665
	¿Cómo entraré en la ciudad	
	a buscarte, ingrato amigo,	
	cercada del enemigo	
	como está mi voluntad?	
	Apenas, traidor, llegué	670
	cuando con armada mano	
	¡oh!, todo el poder romano,	
	como tú contra mi fe.	
	Cerradas están las puertas	
	de tu pecho y tu ciudad,	675
	cuando de mi voluntad	
	el alma las tiene abiertas.	
	La cerca llena de velas,	
	tú sin ojos para mí;	
	yo hecha un Argos por ti,	680
	poniendo a mi furia espuelas.	
	Y aunque por ser africana	
	temo que me den la muerte	
	quise venir desta suerte	
	a la arrogancia romana.	685

Con achaque de vender
pan vengo al campo vendida,
que vengo a vender mi vida
por ver si te puedo ver.
¡Ay, cielos! Romanos son,   690
si me podré librar dellos,
pero estos son los cabellos
y tú, mi bien, la ocasión.

(Salen Camilo, Rutilio y Porcio.)

Camilo   Bravo furor ha mostrado.

Rutilio   Es quien es.

Porcio   No digas más,   695
si no es que nos vuelve atrás
la furia con que ha llegado
de hermosa gente hizo muestra.

Camilo   Por las almenas está
la suya, que apenas ya   700
se atreve a mirar la nuestra.

Rutilio   Estos al primero asalto
están, Camilo, rendidos.

Camilo   Bravo escuadrón, defendidos
hace en vuestros muros alto.   705
Oíd, que gente hay aquí.

Porcio   Una bella panadera.

Camilo   Si ella, Porcio, se vendiera,

	la comprara para mí. ¿Dónde bueno en el real?, diga hermosa labradora.	710
Flora	¿No lo ven?, pan vendo agora, déjenme, no me hagan mal.	
Camilo	¿Mal decís?, mal haga Dios a quien mal os haga.	
Flora	Amén decilde los dos también.	715
Porcio	Amén decimos los dos.	
Flora	Según esto, bien podré llegarme cerca.	
Camilo	Llegad.	
Flora	¿Haranme mal?	
Porcio	No en verdad.	720
Flora	¿No por su vida?	
Rutilio	No, a fe.	
Camilo	¿Qué hay en las alforjas?	
Flora	Pan.	
Rutilio	Bueno, panecillos son, ¿y los pechos?	

Flora	¡Qué traición,	
	ténganse que les verán!	725

Rutilio	¿Véndense estos?

Flora	¡Ay, qué digo!,
	habiendo jurado amén.

Porcio	El Cónsul viene.

Flora	¡Oh, qué bien,
	par Dios que me regocijo!

(Salen el cónsul Léntulo y Parmenio, capitán.)

Léntulo	¿Eso responde Cartago?	730

Parmenio	Eso, señor, respondió.

Léntulo	¿Tan presto se le olvidó
	de aquel su pasado estrago?

Parmenio	Dicen que ya Cipión	
	murió y de Roma las manos.	735

Léntulo	Mal dicen, que los romanos
	todos Cipiones son.
	¿Qué hace esta mujer aquí?

Flora	Vengo a defender mi honor	
	a los pies de ese valor.	740

Léntulo	¿Hasle perdido?

Flora	No y sí,
	vengo os hacer buenas obras
	y con malas me pagáis.
Léntulo	¡Hola! ¿Por qué la enojáis?
Flora	Fama de piadoso cobras. 745
	Algo quejosa me envían
	todos los que aquí están.
Léntulo	¿Hante tomado algún pan?
Flora	No, que la carne querían.
Léntulo	No he visto, por Dios, Parmenio, 750
	más peregrina africana.
Parmenio	A la gravedad romana,
	a tu condición y ingenio
	es muy nueva esa blandura.
	Di, africana labradora, 755
	¿venderás también ahora
	al Cónsul esa hermosura?
Flora	Por mi fe que la vendiera
	si yo la hubiera comprado,
	lo que de balde me han dado 760
	de balde darlo quisiera.
Parmenio	¿Eres casada?
Flora	No, a fe,
	siempre a lo mostrenco voy,

43

	que la libertad no soy	
	de parecer que se dé.	765
	Allá me quiso casar	
	un buen viejo que gruñía	
	a tiempo que yo tenía	
	el alma en otro lugar.	
	Pero no salió con ello	770
	que huyendo me vine dél.	

Léntulo   ¡Qué azucena, qué clavel!
¡Qué manos, qué hermoso cuello!
Aquesto los campos crían,
¡oh, afrenta de las ciudades!   775

Parmenio   Veo que la persuades
y que estos no se desvían.
Soldados, a vuestros puestos,
de la tienda os desviad.

Porcio   Vámonos.

Camilo   ¡Qué libertad!   780

Rutilio   Camilo, así privan estos.

Camilo   Siempre, Rutilio, el buen pez,
buen conejo o perdigón
para los que pueden son,
o el príncipe o el juez.   785
Al pobre va el contrapeso,
¿ves esta?

Rutilio   Sí.

Camilo	Al tercer día será de la infantería, que entonces vendrá a ser hueso.
Parmenio	No es posible que se muden. 790
Léntulo	¿No se va aqueste tropel?
Flora	Han conocido la miel y como moscas acuden.
Parmenio	Ya se han ido.
Léntulo	Di, aldeana, ¿quieres venir a mi tienda? 795
Flora	¿Cuándo?
Léntulo	Cuando nadie entienda que la integridad romana ha ofendido la hermosura de una pobre labradora.
Flora	Luego ¿no queréis ahora? 800
Léntulo	Venir de noche procura que a mi oficio, que ha de dar ejemplo, mal pareciera si así de día quisiera de tu hermosura gozar. 805
Flora	Todo sois hipocresía los romanos, ahora bien, haz que unas señas me den.

45

Léntulo	Mira, aquesta lanza es mía,
	que así arrojadiza y corta 810
	la suelo a veces tirar
	porque al tiempo del marchar
	los que se alejan reporta.
	Esta toma y ven con ella
	a mi tienda que yo haré 815
	que la guarda a punto esté
	y te conozca por ella.
Flora	Mostrad, dádmela en la mano
	porque diga una mujer
	que ha rendido a su poder 820
	armas de un cónsul romano.
Léntulo	Deso te admiras, ¿no sabes
	que Hércules que rindió
	mil mostruos, hiló y labró,
	y trujo tocas y llaves? 825
Flora	Casos son, por cierto, extraños
	los que amor hace sufrir;
	de ese hombre oí decir
	que también lavaba paños
	y no es mucho, pues por Dios 830
	los romanos le tenéis,
	que con él os desculpéis.
Léntulo	Hércules somos los dos,
	que un cónsul en gravedad
	es lo que Hércules en fuerza. 835
Flora	Ahora bien, si amor te esfuerza

46

	no culpes tu voluntad.	
	Vete y darás el aviso	
	a tu guarda.	
Léntulo	Adiós, señora.	
Parmenio	Digo que es la labradora	840
	del campo del paraíso.	

(Vanse los dos.)

Flora	¡Oh, cuán bien traza la suerte	
	que pueda cobrar mi bien	
	sin que los romanos den	
	a mis esperanzas muerte!	845
	Por todo el campo he pasado,	
	los soldados engañé,	
	su Cónsul enamoré	
	contra el valor del Senado.	
	Pasos son por donde Amor	850
	a ver a Andronio me lleva,	
	si es para Amor cosa nueva	
	dar a una mujer valor.	
	Esta lanza que me han dado	
	se ha de volver contra Roma,	855
	puesto que ahora la toma	
	fuerza y brazo afeminado.	
	La carta que traigo escrita	
	quiero en la punta clavar	
	y por la cerca arrojar	860
	a donde el amor me incita.	
	Quiero correr hasta el muro,	
	por sus almenas pasó,	
	¿cómo sabré si cayó	

en la parte que procuro? 865
Pero la cava está llena
de gente y vista será,
alborotándolos va.
La gente y la caja suena.
Quiero en aquesta alameda 870
mientras salen retirarme;
cielo, mi Andronio has de darme
pues otro bien no me queda.

(Sale Lisias, capitán, Casandro, Tereo y Andronio con la lanza y la carta.)

Lisias   ¿Lanza con carta clavada?

Andronio   Digo que a mis plantas dio. 875

Lisias   Algún romano la echó
                arrogante de su espada.

Tereo   De desafío habrá sido;
                lee señor.

Lisias   Dice ansí.

(Lea.)   De brazo honrado salí, 880
                llevadme a Lisias os pido.

Andronio   ¿Qué dice dentro?

(Lea.)   El soldado
                que me viniere a buscar
                me podrá en el campo hallar
                al primer olmo sentado. 885
                Puédole dar, si me ayuda,

al cónsul Léntulo muerto.

Casandro   Extraño oráculo.

Tereo   Y cierto.

Lisias   Este es negocio sin duda.

Andronio   ¿Cómo?

Lisias   Por ser celada   890
para un hombre solo en guerra
que la estratagema encierra.
Qué ardid o qué hazaña honrada
traza de los cielos es,
y el aventurar un hombre   895
no es caso para que asombre
el valor cartaginés.

Andronio   Dame licencia.

Casandro   Eso no,
que esa hazaña, Andronio, es mía.

Tereo   Dejad la vana porfía   900
porque tengo de ser yo.

Andronio   Yo soy hombre que a los dos
os mostraré que merezco
mejor la empresa y me ofrezco
a probároslo por Dios.   905

Casandro   Andronio ¿qué tienes más
que ser un hidalgo honrado?

Cualquiera de ayer soldado
deja tu apellido atrás.
¿Qué has hecho, qué escala has puesto   910
en Italia, qué romano
has muerto con propia mano?

Tereo   Ponte de por medio en esto
y mira qué se ha de hacer.

Lisias   Yo os querría concertar.   915

Andronio   Di.

Lisias   Suertes habéis de echar,
que esto no os puede ofender.

Casandro   Soy contento.

Tereo   Yo pagado.

Andronio   Yo más que todos.

Tereo   Pues di.

Lisias   Diga cada cual aquí   920
su pensamiento y cuidado
y el que mayor le tuviere
ese sin duda saldrá.

Casandro   Yo comienzo.

Lisias   Di.

Casandro   Ya va,

	y apostaré que os prefiere, yo estoy de bien ausente.	925
Tereo	Yo olvidado.	
Andronio	Yo celoso.	
Lisias	Que vaya Andronio es forzoso, que mayor cuidado siente.	930
Casandro	¿Ausencia no?	
Tereo	¿Ni el olvido?	
Lisias	No, que mayor es los celos.	
Andronio	Yo voy, guárdente los cielos.	
(Vase.)		
Casandro	Pensé ganar y he perdido.	
Tereo	Que olvidado es pequeño mal.	935
Casandro	Que ausencia es mal de afición, que tiene comparación.	
Lisias	No tienen celos igual. Es ausencia niñería, olvido es cosa ligera.	940
Casandro	Si mi capitán no fuera le dijera que mentía.	

(Vanse y sale Flora.)

Flora	Cansada estoy de esperar	
	este soldado y la noche	
	ya con su enlutado coche	945
	saca la frente del mar.	
	Ya sus caballos dormidos	
	con paramentos de estrellas	
	marchando con calladas huellas	
	por entre sueños y olvidos.	950
	Con la escuridad parece	
	que viene un hombre hacia acá,	
(Sale Andronio.)	¿qué gente?	

Andronio   ¿Quién es?

Flora   ¿Quién va?

Andronio	Quien a tus manos se ofrece.	
	¿Eres tú aquella persona	955
	que arrojó sobre Cartago	
	una lanza y del estrago	
	de los romanos blasona?	

Flora   Soy una humilde mujer.

Andronio   ¿Mujer?

Flora   Sí, llégate más.   960

Andronio   ¿Y lo que dices harás?

Flora   Escucha.

Andronio	¿Cómo ha de ser?
Flora	Por este hoz que conmigo has de entrar.
Andronio	Peligro extraño.
Flora	No temas, soldado.
Andronio	¿Qué es temer? Ya voy contigo.

965

Fin de la primera jornada

Jornada segunda

(Sale Andronio y Flora.)

Andronio   La escuridad y silencio
de la noche temerosa
con que de ninguna cosa
tu persona diferencio
me llevan con atención,   5
fuerte mujer, a tu hazaña
porque pienso que te engaña
alguna imaginación.
¿Cómo al Cónsul puede ser
que le puedas dar la muerte?,   10
que aunque el pensamiento es fuerte
es muy flaco tu poder.
¿Qué ardid, qué invención, qué traza,
qué estratagema es aquesta
que de improviso propuesta   15
nuestras vidas amenaza?
Si es matar a un hombre solo
¿qué le va a Roma en mi vida
de su dueño aborrecida
más que de la noche Apolo?   20
Dime, por Dios, la verdad
de todo mi pensamiento.

Flora   Soldado, este atrevimiento
ha sido temeridad.
Pero toda mi invención   25
solamente se ha fundado
en hallar aquí un soldado.

Andronio   ¿Quiéresle bien?

Flora	Sin razón.	
Andronio	Pues ¿qué imaginaste hacer?	
Flora	Todo fue rabia y furor,	30
	que la furia del amor	
	corre sin furia en mujer.	
Andronio	Luego ¿amores tienes?	
Flora	Sí.	
Andronio	Tienes grave enfermedad,	
	pero mujer y verdad	35
	nunca ha pasado por mí.	
	En efeto pretendías	
	que el soldado que saliera	
	en la ciudad te metiera	
	a buscar lo que querías.	40
	No sé yo cómo ha de ser	
	entrar sin lo prometido,	
	pero ¿qué te ha sucedido?	
Flora	Oye y podraslo saber.	
	En el lugar que nací	45
	me sirvió un hombre seis años	
	con palabras, con engaños,	
	pero de gran fuerza en mí.	
	Quísele bien.	
Andronio	¿Cómo sabes	
	que esas fuesen mentirosas?	50

Flora	Porque el fin prueba las cosas.
Andronio	Ya espero que el cuento acabes.
Flora	Mi padre quiso casarme,
	formó celos sin razón,
	fuese y en tal ocasión 55
	quise a llamarle humillarme.
	Vino a este tiempo aquel hombre
	que se quería partir
	a despedirse y cumplir
	la obligación de su nombre. 60
Andronio	¿Cuál?
Flora	Aquel que pretendía
	ser mi marido.
Andronio	¿A qué efeto
	se ausentaba?
Flora	Qué inquieto
	me escuchas.
Andronio	¡Oh, historia mía!
Flora	Era extranjero y su hacienda 65
	quería traer primero.
Andronio	¿Que era tu esposo extranjero?
Flora	¿No lo entiendes?
Andronio	Dios te entienda.

Flora	Despidiose y no se fue	
	porque en casa se quedó,	70
	que con mi padre trató	
	lo que después te diré.	
	Aquel que se fue por él	
	por hoy quedose en la calle,	
	yo sin velle, por llamalle	75
	escrebí un tierno papel.	
	Él entra entonces furioso,	
	toma el papel y leído	
	sospecha que escrito ha sido	
	para el extranjero esposo.	80
	No bastó razón con él	
	aunque lágrimas la daban,	
	porque equívocas estaban	
	las razones del papel.	
	Fuese a la guerra ofendido	85
	apenas se fue de allí.	
	Cuando a las voces que di	
	dio mi padre atento oído;	
	decía yo que tras él	
	me iría pues se partía	90
	y mi padre no entendía	
	que hablaba entonces con él.	
Andronio	Pues ¿con quién?	
Flora	Con el extraño,	
	que ya despedido estaba.	
Andronio	Pues ¿qué pensaba?	
Flora	Pensaba	95

que hizo a mi honor engaño.

Andronio   Y ¿qué resultó?

Flora   Querer
que antes que el hombre se fuese
la boda se concluyese.

Andronio   Y ¿fuiste en fin su mujer?   100

Flora   Oye con paciencia, espera.

Andronio   No es poco, adelante, di,
que si respondieras sí
con la vida la perdiera.

Flora   Fuime aderezar y salgo   105
al campo por un jardín.

Andronio   ¿No te vieron?

Flora   Oye el fin.

Andronio   Gran fe, pensamiento hidalgo.

Flora   Métome en una arboleda,
y echo una piedra en un río   110
que bañaba el jardín mío
por una fresca alameda.
Que me ahogo dije a gritos,
una criada acudió
y por uno que di yo   115
dio como loca infinitos.
Llegó mi padre y mi esposo

	y viendo que el agua hacía	
	mil círculos que rompía	
	en el margen espumoso	120
	creyéronlo y no buscaron	
	la viva sino la sombra.	

Andronio   ¿Cómo esa mujer se nombra
             y esos dos que la llamaron?

Flora   Flora se llama.

Andronio   ¡Ay de mí!   125
             ¿Y el soldado?

Flora   Andronio.

Andronio   ¡Ay, Flora,
             conozco, mi bien, ahora,
             que engañado te ofendí!

Flora   ¿Eres tú acaso mi bien?

Andronio   La tiniebla y el lugar   130
             me pudieron desvelar,
             y el imposible también.
             Ya tu voz reconocía
             el alma y aunque pensaba
             si eras tú me deslumbraba   135
             saber que ser no podía.
             Pero ya en fin pudo ser.

Flora   Estás contento, enemigo,
             de verme sin ti y contigo.

Andronio	Hazaña fue de mujer.	140
	Pero dime de qué manera	
	a la ciudad volveremos.	

| Flora | ¿Quieres que al Cónsul matemos? | |

| Andronio | Heroico suceso fuera | |
| | pero no me satisfago. | 145 |

Flora	Con este humilde sayal	
	vendiendo pan al real	
	vine al muro de Cartago.	
	Enamorose de mí	
	y cierta señal me dio	150
	para que en su tienda yo	
	pueda entrar y este escrebí.	

Andronio	Habiéndote ya cobrado,	
	por mil Romas que me dé	
	Cartago, no mataré	155
	un esclavo del Senado.	
	¡Gran rumor!	

| Flora | ¿De la ciudad? | |

| Andronio | No, sino del enemigo, | |
| | escóndete. | |

| Flora | ¡Ay, dulce amigo! | |

Andronio	¡Qué notable escuridad!	160
	Apenas veo la gente	
	y siento rumor y voces.	
	Escóndete así te goces	

	entre tanto que se ausente	
	que yo quiero ver lo que es.	165

Flora   Y ¿dónde tengo de hallarte?

Andronio   Aquí, que es pública parte,
           al tronco deste ciprés.

(Vanse y salen Camilo, Rutilio y Porcio, soldados.)

Rutilio   Si con tal severidad
           procede el cónsul Camilo,   170
           mudara la guerra estilo
           y ley la necesidad.
           Que puesto que no la tiene
           el no tenella es su ley.

Camilo   Tiene esperanzas de rey   175
           y arrogante dellas viene.
           ¿De qué habemos de comer
           si no nos deja robar?
           Tanto nos quiere enfrenar
           que el freno se ha de romper.   180
           Así al caballo imitamos,
           de espuma sangrienta lleno,
           querrá que tascando el freno
           la propia sangre comamos.
           La noche es la más escura   185
           y aparejada a ladrones
           que en los helados Triones
           vio enero en su nieve pura.
           Vamos a ver si dormidos
           hay pastores desvelados   190
           que nos den de sus ganados

	para comer tres perdidos.	
	O si acaso cautivamos	
	algún caminante pobre	
	que cuando nada le sobre	195
	como esclavo le vendamos.	
	Quedo, un hombre siento aquí.	

Andronio	Ya no me puedo esconder,	
	habreme de defender.	

Rutilio	¿Quién va?	

Andronio	Una espada.	

Porcio	Eso sí.	200

Camilo	Dale muerte que es espía.	

Rutilio	Este viene con celada,	
	que no sacará una espada	
	adonde tantas había.	
	¡Al arma, al arma, romanos!	205

Camilo	Bien dices, al arma toca.	

(Salen el cónsul Léntulo, Parmenio y gente.)

Léntulo	¿Qué desatino os provoca?	

Rutilio	Átale, Porcio, las manos.	

Camilo	No fue muy gran desatino.	

Léntulo	Haceos a parte, ¿quién es?	210

Andronio	Un hombre o cartaginés
	que tarde a los muros vino,
	no me abrieron y no entré.
Léntulo	¿Eres de alguna celada?
Andronio	Sí soy y tan mal guardada
	que verla más no podré.
Léntulo	¿Son muchos?
Andronio	Una persona.
Léntulo	Una persona, este miente.
	Sin duda salió gran gente.
Andronio	Que soy hidalgo me abona.
Parmenio	No hay en la guerra hidalguía,
	traelde a mi tienda luego
	adonde el cordel o el fuego
	sabrán si es traidor o espía.
Andronio	Déjame, si he de morir,
	con esas peñas hablar.
Léntulo	¿Qué les quieres preguntar?
	¿Qué tienes que les decir?
Andronio	Peñas, si acaso escucháis
	un cautivo desdichado,
	a aquel aciprés concertado
	os ruego que no volváis.

215

220

225

230

A la ciudad os volved,
peñas, y guardad la vida
y por la mía perdida   235
tiernas lágrimas verted.
¿Oís peñas? ¿Oís? ¿No?
No responden.

Parmenio   Cosa extraña,
no habla con la montaña,
que todo lo entiendo yo,   240
bueno es decir que se vuelvan
las peñas a la ciudad,
aquí hay traición.

Rutilio   Es verdad
y ojalá que le resuelvan
esas peñas a venir,   245
ruégaselo tú, africano.

Andronio   Peñas, volveréis en vano
que me llevan a morir.

Léntulo   Llevalde a mi tienda luego.

Camilo   Camina, desventurado,   250
que en medio del fuego has dado.

Andronio   Sí, pero es mayor mi fuego.

(Llévanse.)

Léntulo   ¿Qué te parece del hombre?

Parmenio   Que encierra más que parece.

Léntulo	Mucho Marte favorece,	255
	Parmenio, el romano nombre.	
	Pero ¿qué te ha parecido	
	de la falsa labradora?	
Parmenio	Que la trocarás ahora	
	por el soldado rendido.	260
Léntulo	Sin duda que no acertó.	
Parmenio	Mañana la harás volver.	
Léntulo	Vendrá Julia, mi mujer,	
	porque ayer desembarcó	
	y ya sabes tú sus celos.	265
Parmenio	Ven a ver este soldado,	
	por ventura te han guardado	
	de gran peligro los cielos.	

(Vanse y salen Ariodante y Fortunio.)

Ariodante	No se contentó mi suerte,	
	para mi remedio avara,	270
	Fortunio, con que llorara	
	de Flora la triste muerte.	
	Sino que vuelto a mi tierra	
	donde mi hacienda dejé	
	cercado su muro hallé	275
	y su paz trocada en guerra.	
	¿Por dónde tengo de entrar	
	a ver mis deudos y casa?,	
	que apenas el viento pasa,	

ni un ave puede volar. 280
Allí con fuertes trincheas
los pasos tienen tapados
de gruesos olmos cortados,
de verdes juncias y teas.
Aquí, de tiendas gallardas 285
con los romanos pendones,
están diversas naciones
con un bosque de alabardas.
Y aunque ahora de la noche
las alas lugar nos dan, 290
temo que algún capitán
su cuartel ronde y trasnoche.
No sé, Fortunio, qué intento.

Fortunio   En mi vida, mi señor,
más cerrado el resplandor 295
de las estrellas de Oriente.
Que cuando falta la Luna
suelen hacer las estrellas
las noches claras y bellas
y esta apenas tiene alguna. 300
Pasemos a la ciudad,
que no seremos sentidos,
cerca está ¿no oyes ladridos
y rumor de vecindad?

Ariodante   Sí oigo y sin duda alguna 305
la escuridad que se ofrece,
que las estrellas parece
que han venido con la Luna,
fía la seguridad
de la vida de Ariodante, 310
mas ve, Fortunio, delante.

Fortunio	Pues yo parto a la ciudad.

(Vanse.)

Ariodante	Noche la más escura que se ha visto,	
	mucho os debe el temor que el alma siente,	
	mas qué milagro si mi Sol ausente	315
	se traspuso del polo de Calisto.	
	Si la eterna con lágrimas conquisto	
	cúrele celestial vivo y presente,	
	pero naturaleza no consiente	
	la justa muerte que al amor resisto.	320
	De sombra en sombra voy, de pena en pena,	
	de un paso en otro hasta el postrero paso	
	llevando sobre el hombro la cadena.	
	Mas como me defiendo es cierto caso	
	que al fin ha de acabar por mano ajena	325
	la triste vida y el dolor que paso.	

(Sale Flora.)

Flora	Aquí al tronco de un ciprés	
	dijo Andronio que estaría.	
	Rumor siento iay, Dios, si él es!,	
	pero es esta fuente fría	330
	que va siguiendo mis pies,	
	no es por Dios sino mi bien.	
	Amigo mío ¿aquí estás?	
Ariodante	¿Qué es lo que mis ojos ven?	
	Haceos, fiera gente, atrás.	335
Flora	¿La espada tú, para quién?	

Ariodante	¿Quién eres?
Flora	¿Quién puede ser?
Ariodante	Dilo.
Flora	Flora, tu mujer.
Ariodante	Cielos ¿mi mujer te nombras?

Flora   Mi vida ¿de qué te asombras,   340
no me mandaste volver?

Ariodante   Sombra, si te he conjurado,
alma, si yo te he perdido
que a la vida que has dejado
vuelvas de tu negro olvido.   345
Yo muera de ti olvidado.
Si voluntad me tuviste,
alma, ya te la pagué
y si en el río caíste
porque de ti me aparté   350
ya lo pago en llanto triste.
Si temes que te he olvidado
bien parece que has estado
a donde todo es olvido.

Flora   ¿De qué ha perdido el sentido?   355
Cielos ¿qué lo habrá causado?
Mi bien ¿qué furor es ese?
No te acuerdas y esto es
la verdad aunque te pese,
que al tronco deste ciprés   360

me dijiste que volviese.
¿Ya no me diste perdón
de aquel papel?

Ariodante
¿Yo a ti, esposa?,
más escura confusión
que esta noche temerosa,   365
Flora, tus enigmas son.

Flora
Si me conoces y nombras
¿para qué de mí te asombras?
Si no es que quieres dejarme
¿de qué sirve levantarme   370
cuando en pena entre las sombras?
Verdad es que no es mi pena
menor que alguna de allá
pero por tu causa es buena.

(Sale Fortunio.)

Fortunio
Seguro el camino está,   375
que no hay fuego ni voz suena,
llega una vez a la puerta
que yo sé que te han de abrir.

Ariodante
Acá mi desdicha es cierta,
¿cómo te podré decir   380
que está aquí mi esposa muerta?

Fortunio
¿Cómo es eso?

Ariodante
Si tardaras
pienso que muerto me hallaras.

Fortunio	¿Tu esposa muerta contigo?
Ariodante	Sí, Fortunio.
Fortunio	¡Ay, Dios!
Ariodante	Sí, amigo. 385
Flora	¡Ah, mi vida! ¿En qué reparas?
Fortunio	Mi vida dijo, ella es, ¿eres Flora?
Flora	Sí, yo soy.
Fortunio	¿No eras muerta?
Flora	¿No me ves?
Fortunio	¡Huye, señor!
Ariodante	¡Tras ti voy! 390
Flora	¡Escucha!
Fortunio	¡Mueve los pies!

(Vanse.)

Flora	¿Hay inquietud como esta? Mas como yo le he contado que estuve a echarme dispuesta en el río habrá pensado 395 que fue verdad manifiesta.

Y como ve que he venido
con tan grande atrevimiento
y por el campo rompido
piensa que soy sombra y viento   400
y cuerpo de aire fingido.
Pero ¿cómo puede ser
habiéndome aquí tocado?,
por sin duda vengo a ver
que no estaba enamorado   405
quien huyó de una mujer.
Noche escura y sin estrellas,
que aún no hay en tu cielo alguna
por no escuchar mis querellas,
mudable, inconstante Luna,   410
que te conjuras con ellas.
Cubrir tu rostro menguante
en que eres mudable fundo,
pues te me quitas delante
para no ver en el mundo   415
hay una mujer constante.
Sol tardío que mil ñudos
estás al cabello haciendo
del Alba en los brazos rudos,
o por ventura durmiendo   420
entre los indios desnudos.
Ven a ver, aunque deshecho
el corazón con desmayos,
una mujer sin provecho,
más clara en fe que tus rayos   425
y con más fuego en el pecho.
¡Ay de mí!, que no me queda,
perdido Andronio, esperanza
para que cobrarlo pueda,
ya su amor hizo mudanza,   430

fortuna al son de tu rueda.
¿Quién habrá que verdad trate?
Quiero irme, pues recibe
mi fe tan fiero combate,
donde alguno me cautive   435
o por ventura me mate.

(Vanse y salen Julia, mujer del Cónsul, de camino, Oracio, capitán, y gente, y Celia, criada.)

Julia	Ya debe de amanecer.
Oracio	Tu amor al Cónsul obliga.
Julia	Si es amor así ha de ser.

Oracio   Esta es más hora de amiga   440
                que no de propia mujer.
                Toda la noche has querido
                caminar y no has dormido,
                que es mucho.

Julia   No obliga a menos,
                si son los maridos buenos,   445
                la obligación del marido.

Oracio   Ya le habían dicho las guardas
                quién es, que oigo rumor
                de las picas y alabardas.

Julia   Solo viene aquí Néstor.   450

(Sale Néstor.)

Néstor	Entra, señora, si aguardas,
	que está el Cónsul tan atento
	en dar a un hombre tormento
	que no te ha salido a ver.

Julia	Néstor, con propia mujer	455
	es vicioso el cumplimiento.	
	¿No es el Cónsul tan galán	
	conmigo y otra tan dama	
	con el que apenas se van	
	las estrellas a su cama	460
	y al Sol despertando están,	
	cuando yo vengo a la suya	
	desde la playa del mar?	

Néstor	Por ser su vida la tuya	
	quiere la vida guardar	465
	y es bien que la muerte huya.	
	Y esto debe de saber	
	aquel hombre que atormenta.	

Julia	Quiero entrar.

Néstor	Puedes creer
	que te adora.

[Vase Julia.]

Oracio	No contenta	470
	mucho al Cónsul su mujer.	

Néstor	No están los dos engañados.

Oracio	Él, por el suegro la estima,

que es hombre de los privados
del César.

| Néstor | Harto se anima | 475 |

a desimular cuidados.
No hay carga tan insufrible
como la del casamiento
si faltó el lazo apacible
de estar conformes.

| Oracio | No siento | 480 |

que entre los dos es posible
porque el Cónsul quiere a tantas
cuantas mira.

Néstor   Así lo creo.

Oracio   No son sus costumbres santas.

| Néstor | Estragada a Roma veo, | 485 |

¿del Cónsul no más te espantas?

Oracio   ¿Qué hay del cerco?

Néstor   Ya se hostiga
esta canalla cruel
que a Roma a venganza obliga,

| que esto es alabado en él | 490 |

hasta la gente enemiga.
Hase corrido la tierra,
mucha gente cautivado
de la que el contorno encierra

| el alto muro cercado | 495 |

y publicado la guerra.

Que para justificar
Roma a su causa a un trompeta
la hizo ayer pregonar,
si este el África sujeta   500
merece en Roma triunfar.

(Sale el Cónsul y Andronio medio desnudo como atormentado y Julia y Parmenio.)

Julia	Grande regalo me has hecho
	en que este hombre hayas dejado,
	que matabas sin provecho.
	¡Ay, Celia, que se me ha entrado 505
	por los ojos hasta el pecho!
Celia	Cierto que tienes razón,
	que suele la compasión,
	viendo padecer a un hombre
	de buen talle y de buen nombre, 510
	engendrar grande afición.
Julia	Tiénele este hombre notable
	y enterneciome desnudo.
Léntulo	¡Que aqueste perro no hable!
	Dime, villano, ¿eres mudo 515
	o eres roca incontrastable?
Julia	¡Déjale agora, por Dios!
Léntulo	¡Qué buenos estáis los dos!
	¡Qué piadosa, Julia, eres!
Julia	Es virtud de las mujeres 520

y es atributo de Dios.

Léntulo   Dalde que se vista aquí.

Julia   ¿No le curarán primero?

Léntulo   Bien está, señora, ansí.

Andronio   ¡Ay, dulce Flora, aunque muero   525
            vive tu memoria en mí!
            ¿Qué haré para cobralla?
            ¿Qué remedio habrá de vella?
            Quiero conmigo culpalla
            para que vayan por ella   530
            y con esto haré buscalla.
            ¡Oh, amor, qué invención tan alta!

Julia   Déjale ya, por mi vida,
            y el muro a Cartago asalta.

Léntulo   ¿Vuelves por un homicida?   535

Julia   Solo que le mates falta.
            Si le llevaras por bien
            él dijera a qué venía.

Léntulo   Pues háblale tú también
            si acaso Roma te envía   540
            para que el triunfo te den.

Julia   Di, africano, a qué has venido
            que te prometo perdón
            si dices verdad.

Andronio	No ha sido,	
	señora, mi obstinación,	545
	porque la muerte he temido,	
	sino por ver el furor	
	con que el Cónsul me ha tratado.	

Julia	Eres hombre de valor	
	y hombre que me has obligado.	550
	¡Qué edad y tierno amor!	
	Por mi vida, ¿a qué veniste?	

Andronio	Mira cuán poco resiste	
	un hidalgo proceder	
	al ruego de una mujer,	555
	pues más que el Cónsul podiste.	
	Vine a ser escolta y guarda,	
	cuando se cerraba el día	
	tras esa montaña parda,	
	a cierta dama gallarda	560
	que al Cónsul matar quería.	
	Quejose y prendio me a mí.	

| Julia | Pues ¿cómo había de entrar? | |

Andronio	Eso al Cónsul se lo di,	
	que él la había de gozar	565
	y está concertado así.	

| Julia | ¿Oyes esto? | |

Léntulo	Y no lo niego	
	pero no era yo, por Dios,	
	sino Parmenio.	

Julia	No llego a mal tiempo.
Léntulo	Entre los dos 570 fue el partido deste fuego. Mas yo, por Dios, que miraba supuesto que no sabía que la dama procuraba matarme.
Andronio	A aquesto venía. 575
Léntulo	Y dime, ¿quién la enviaba?
Andronio	Cartago, pero yo os juro que nunca el caso entendí hasta fuera de su muro.
Léntulo	La vida te otorgo aquí, 580 matar la infame procuro. ¿No es una hermosa villana?
Andronio	Ese disfraz atesora una señora africana.
Léntulo	¡Oh, fingida labradora!, 585 piel de oveja y tigre hircana, vayan luego en busca della. Parmenio, parte por ella.
Parmenio	Yo parto.
Léntulo	Llega al oído: ventura notable ha sido, 590

que estoy muriendo por ella.

Parmenio   Yo la buscaré, señor.

(Vase.)

Léntulo   Tú vente, Oracio, conmigo
              y queda tú aquí, Néstor,
              para echar a ese enemigo,   595
              aunque esclavo sin valor,
              hierros en su rostro y pies.

Julia   Suplícote que me des
              este esclavo.

Léntulo   Sea en buen hora
              tanta piedad mi señora.   600

Julia   O es mi vida o no lo es.

(Vase el Cónsul y los demás.)

              ¿De dónde eres?

Andronio   Soy de Tiro.

Julia   ¿Y noble?

Andronio   Como tú en Roma.

Julia   Nobleza en tu rostro miro.

Andronio   La tuya a un bárbaro doma.   605
              Por ti, señora, respiro,

sino llegas, allí muero.
No fue tormento más fiero
el que Escévola romano
pasó que mandó su mano 610
firme en el desnudo acero.

Julia   Llagado estás.

Andronio   Estoy muerto.

Julia   Mucho me dueles.

Andronio   Con verte
mi pesadumbre divierto.

Julia   No tengas miedo a la muerte. 615

Andronio   Ya de la vida estoy cierto.

Julia   ¿Serás ingrato?

Andronio   No creo.

Julia   Pues yo miraré por ti.

Andronio   De tu nobleza lo creo,
que hay alma de ángel en mí 620
y en mí de infierno deseo.

Julia   Muy desesperado estás.

Andronio   No puedo, señora, más,
pues que por una mujer
a punto me vengo a ver 625

que tú la vida me das.

Julia   Pues yo, es mucho.

Andronio   ¿Eres romana?

Julia   ¿Y esa mujer?

Andronio   Africana.

Julia   ¿Quiéresla?

Andronio   Pues la culpé,
no sé qué amor la mostré,   630
la satisfación es llana.

Julia   Néstor, el esclavo es mío,
ni le has de herrar ni enojar.

Néstor   De ti, señora, le fío.

Julia   Llévale, Celia, a curar.   635

Andronio   No tengo tan poco brío.
Haz cuenta que he vuelto en mí.

Julia   Vete con Celia.

Andronio   Al fin voy
porque lo mandas así.

(Vanse.)

Julia   Loca por el hombre estoy,   640

en triste punto le vi.
Es amor o es compasión
de verle en aquel tormento
desnudo y de un corazón
vestido, que apenas siento   645
tan fuerte comparación.
Sea compasión o amor
él me agrada, esto es querer
ejecutar en rigor
un deseo de mujer   650
que en la mujer es furor.

(Rutilio, Camilo y Porcio, y Flora, en hábito de esclava, y un pregonero.)

| Rutilio | Digo que ha de ser vendida, que suertes no quiero echar y así puede ser partida. |

Rutilio   Digo que ha de ser vendida,
                 que suertes no quiero echar
                 y así puede ser partida.

Camilo   Ya no hay más qué averiguar.   655

Julia   ¡Qué buena esclava!

Néstor   Escogida.

Un pregonero   Ea, pues tres blancas dan.
                 ¿Hay quien puje, hay quien la quiera?

Porcio   Pregona, que sí querrán.

Un pregonero   Es muy gentil conservera.   660
                 Guisa carne y cuece pan,
                 lava con tanta limpieza
                 de los pies a la cabeza,
                 a prueba se la darán.

| | Ea, pues tres blancas dan. | 665 |
| | ¡Rica pieza, rica pieza! | |

Julia   ¡Qué de cosas hay, Néstor,
          dentro de un campo romano!

Néstor   Harase el día mayor
          que aún es agora temprano,   670
          verás más vulgo y rumor
          que tiene Roma en su foro,
          más trato y más mercancía:
          la cabra, la oveja, el toro,
          el vestido, la armería,   675
          la venda de plata y oro,
          los esclavos, el sustento.

Julia   La esclava me da contento.

Néstor   Amiga de esclavos eres.

Julia   Son antojos de mujeres,   680
          así disfrazo el que siento.
          Comprando aquesta mujer
          se echará menos de ver
          el esclavo que le pido
          al Procónsul mi marido,   685
          amor la trujo a vender.
          ¡Hola, gente!

Néstor   ¡Hola! ¿No veis
          que está la gran Julia aquí?

Julia   Pues, amigo, ¿qué vendéis?

Camilo	Esta esclava, pero a ti esta ofrezco y otras seis.	690
Julia	Esta cadena tomad y este dinero partid.	
Rutilio	¡Qué gran liberalidad!	
Julia	Id con Dios.	
Porcio	La bolsa abrid, no es poca la cantidad.	695
Un pregonero	¿Quién me paga mi trabajo?	
Néstor	Ea, que allá os pagarán.	
Un pregonero	¡Tres blancas dan!	
Néstor	A destajo lo toma.	
Un pregonero	¡Tres blancas dan!	700
Néstor	Baja la voz.	
Un pregonero	Ya la bajo.	

(Vanse.)

Julia	¿En aqueste cerco fuiste cautiva?
Flora	Aquí cautivé.

Julia	¿Tú desta ciudad saliste?
Flora	Antes nunca en ella entré. 705
Julia	¿Que por entrar te perdiste?
Flora	Así es verdad, he perdido todo el gusto que esperaba.
Julia	Pues no menos yo he venido en mal punto, hermosa esclava, 710 que a un esclavo me he rendido.
Flora	¿Qué dices?
Julia	Que tengo amor a un hombre.
Flora	Pues dél no esperes sino mal trato y rigor pero todas las mujeres 715 seguimos un mismo error.
Julia	¿Cómo te apellidas?
Flora	Flora.
Julia	Pues, Flora, yo he visto agora hombre que ha de ser mi muerte, por lo que te compro advierte. 720
Flora	Yo soy tu esclava, señora.

Julia	No juzgues a liviandad
	el declararme contigo,
	que amor es enfermedad
	que con el primero amigo 725
	declara la voluntad.
	Este hombre es un esclavo
	de tu tierra, no le alabo
	porque presto le has de ver.
Flora	¿Tendrá gentil parecer? 730
Julia	Es galán, hidalgo y bravo.
	Tu lengua y naturaleza
	le obligarán a mi amor
	si le dices mi tristeza.
Flora	Si este es hombre de valor 735
	respetará su cabeza.
Julia	¿Díceslo por mi marido?
Flora	Pues ¿por quién?
Julia	Antes ha sido
	del Cónsul tan mal tratado
	que a la vida que le he dado 740
	ha de estar agradecido.
Flora	¿Qué le ha hecho?
Julia	En un tormento
	le trujo al último aliento
	y yo le mandé librar.

Flora	Hazle aquí luego curar.	745
Julia	Trae mi esclavo.	
Néstor	Iré al momento.	

(Vase.)

Julia	Pero venga solo aquí	
	y yo me iré, que también	
	pienso que es mejor ansí.	
	Dile, Flora, que es mi bien	750
	y será bien para ti.	
	Porque tendrás libertad	
	si con la mía conquistas	
	su segura voluntad.	

Flora	Vengamos los dos a vistas	755
	que este hombre no es la ciudad.	
	Pluguiera al cielo, señora,	
	Cartago así se os rindiera.	

Julia	Ese es mi Cartago agora,	
	él viene.	

Flora	Vete allá fuera.	760

Julia	¿Y volveré?	

Flora	De aquí a un hora.	

Julia	Aquí me quiero esconder	
	para ver si dice ansí	
	y porque le quiero ver.	

	Quizá podré desde aquí	765
	alguna cosa entender.	

(Escóndese y sale Andronio de esclavo.)

Andronio	¿Eres tú quien me ha llamado	
	y aquí a hablarme ha mandado	
	Néstor de parte de aquella,	
	que fue de mi nave estrella	770
	y deidad que me ha guardado?	

| Flora | Cielo ¿qué es esto? | |

Andronio	¡Ay de mí!	
	¿Qué ven mis ojos, mi Flora?	
	¿Posible es que estás aquí	
	y como esclava, señora?	775
	¿Qué mano te ha puesto así?	
	¿Quién te trujo desta suerte?	
	Dichoso el fiero tormento	
	y el peligro de la muerte	
	pues ha sido el instrumento	780
	por donde he venido a verte.	
	Cuéntame tu historia y dame	
	tus brazos.	

| Julia | Triste de mí. | |
| | ¿Qué es lo que he mirado? ¡Oh, infame! | |

| Flora | Desvía, traidor, ¿yo a ti? | 785 |

Andronio	¿Cómo que traidor me llame?	
	¿Cómo que traidor me nombre	
	la que es la vida y luz mía,	

la mujer que ha puesto a un hombre
a mil muertes en un día   790
y que de verme se asombre?
¿Qué es esto?

Flora   Pues di, cruel,
                   cuando te vuelvo a buscar
                   tras el romano tropel,
                   en aquel mismo lugar   795
                   entre el ciprés y el laurel,
                   que estoy muerta me levantas
                   y que soy cuerpo sin vida,
                   que de ver maldades tantas
                   no sola yo estoy corrida,   800
                   mas aquellas verdes plantas.
                   Las fuentes que se pararon
                   cuando antes allí nos vieron
                   y después nos escucharon
                   más de corridas corrieron   805
                   que del curso que llevaron.
                   Yo sombra, traidor, yo muerta,
                   no más de para dejarme.

Andronio   O tu seso desconcierta
                   o quieres, Flora, matarme.   810

Julia   Bien mi negocio concierta.

Andronio   Yo te he visto desde el punto
                   que te apartaste de mí,
                   pues un ejército junto,
                   preso como estoy aquí,   815
                   me trujo a verme difunto.
                   ¿Qué dices?

Flora	Yo no te vi
	y mi esposa me llamaste.
Andronio	Pues ¿cómo, si presto fui?
	¿Cómo, si allí me dejaste,
	y me llevaron de allí?
	Flora, ¿estás loca?
Flora	No sé,
	yo digo que a un hombre hablé
	y que por muerta me tuvo.
Andronio	Pues si Ariodante allí estuvo
	sin duda Ariodante fue.
Flora	Ya presumo que él sería,
	porque del río decía
	en que piensa que caí.
Andronio	Sin duda fue por allí,
	que a Cartago pasaría.
	Dame ya, mi bien, tus brazos,
	mira cuán hecho pedazos
	me tienen tantos tormentos.
Julia	Medrarán mis pensamientos
	con los ñudos destos lazos.
Flora	Yo te abrazo.
Julia	¡No, detente,
	que lo que te encomendé
	fue cosa muy diferente!

Los números de verso a la derecha: 820, 825, 830, 835.

Flora	Lo que prometí no fue,	840
	traidora, fingidamente.	
	No le había conocido,	
	pero si este es mi marido	
	¿cómo te le puedo dar?	

| Julia | ¡Hola, Néstor! | |

| Néstor | ¿Puedo entrar? | 845 |

(Sale Néstor.)

Julia	Y a buena ocasión venido,	
	lleva esta esclava cruel	
	y hiérrale el rostro luego.	

Néstor	Voy, mas con lástima dél	
	que es en nube poner fuego	850
	y ese y clavo en un clavel.	

(Vanse.)

| Flora | ¡Señora! | |

| Julia | ¡Tira con ella! | |

| Flora | ¡Andronio! | |

Andronio	Flora del alma,	
	allá te me vas con ella	
	y aunque se yerre en la palma	855
	llevas de más firme y bella.	
	¿Qué has hecho, señora mía,	

qué es lo que intentas, cruel?

Julia   Mi celosa fantasía
hace un yerro que con el   860
amor acertar porfía.

Andronio   ¿Cómo puedes acertar
y pues ya te has declarado?
Yo no quiero declarar.
Muerto, helado y enterrado   865
y el alma en cualquier lugar
sola Flora vive en mí,
para esta mujer nací,
Flora es mi vida, mi honor,
mi solo bien.

Julia   ¡Ah, traidor!   870
Yo me vengaré de ti,
una mujer principal
no se ha de quedar con esto,
que es grande infamia.

Andronio   No hay mal
a que ya no esté dispuesto.   875
Que ya sé que soy mortal,
rompe, quebranta, deshace
esta fábrica en que mora
Flora, que la ilustra y hace,
lee esta alma, aquí está Flora,   880
de Flora esta vida nace.
Flora soy, yo soy Andronio.

Julia   Sin duda este hombre es Demonio,
peligro corre mi amor

	con sus guardas a señor.	885
Andronio	Mas que hay falso testimonio y huir quiero, si podré quiero huir que con la vida algún remedio tendré.	
Julia	¡Huyes, ah, fiero homicida sin Dios, sin alma y sin fe! ¡Ah, gente!	890

(Salen, Cónsul, Parmenio, Oracio, Néstor.)

Léntulo	¿Qué voces das?	
Julia	Tengo, Léntulo, razón.	
Léntulo	Casi sin aliento estás.	
Julia	No me deja el corazón respirar ni alentar más, ponme aquesa mano aquí.	895
Léntulo	Lo que ha sucedido di.	
Julia	Mi esclavo.	
Léntulo	Acábalo pues.	
Julia	No se os vaya por los pies.	900
Léntulo	¿Fuese?	
Julia	Sí.	

Léntulo	¿Qué dices?
Julia	Sí.
Léntulo	Si le herraran no se fuera.
Julia	Aquí me quiso matar.
Léntulo	¿Tenía armas?
Julia	Una fiera daga.
Léntulo	Ojalá que pasar 905 tu tierno pecho pudiera. Bien te pagó la piedad de quitarle del tormento.
Julia	Mi tierno pecho culpad, disculpad mi atrevimiento 910 pues fue por la libertad.
Parmenio	No se irá.
Julia	Traelde os ruego.
Léntulo	Di que le perdonen luego.
Julia	Antes le he de hacer matar. ¿Está acabada de herrar 915 la esclava?

(Sale Néstor y Flora herrada en la barba.)

Néstor	De hacerlo llego.
Léntulo	¿Qué esclava?
Julia	Esta que compré.
Léntulo	Para que me mate a mí,
	¡cielos!, ¿aquesta no fue
	la labradora que vi? 920
	¿De dónde eres?
Flora	No lo sé.
Léntulo	¿Cómo te llamas?
Flora	Tampoco.
Léntulo	¿En dónde estabas?
Flora	¡Qué sé yo!
Léntulo	¿Quién te trajo?
Flora	Quien me halló.
Léntulo (Aparte.)	Volverán a un hombre loco. 925
	Compra esclavos por mi vida.
	¡Ay, labradora querida!,
	si a solas hablarte puedo
	yo te quitaré ese miedo
	y tú serás mi homicida. 930
Julia	¿Paréceos bien?

Léntulo	No muy bien
	que estoy con esclavos mal,
	herrada acertó también,
	no tiene su rostro igual,
	ni mi amor ni su desdén, 935
	¿Qué haréis della?
Julia	A Roma irá.
Léntulo	Guardaos, no os mate.
Julia	No hará,
	que yo tendré más cuidado.
Léntulo (Aparte.)	Toda el alma me ha robado
	y dentro del alma está. 940

(Vanse y sale huyendo Andronio por un monte que esté hecho.)

Andronio	No sé si el nombre de hombre
	es justo que me llamen,
	mas que todos me infamen
	quitándome su nombre.
	Mi amada Flora dejo 945
	y salvé la vida y de su luz me alejo.
	Por esta gran montaña
	que por el mar se eleva,
	buscando alguna cueva
	voy con violencia extraña 950
	porque nunca está quedo
(Vaya saliendo el león.)	si no le esconde el corazón el miedo,
	pero el cielo lo ha hecho,
	como juez tan justo,

ya se acabó mi susto,   955
sosiéguese mi pecho
que este león hambriento
su vientre me dará por aposento.
Muy justo es que yo muera.
pues he dejado a Flora,   960
vengada estás, señora,
por una bestia fiera,
que por sus falsos tratos
bestias han de matar a los ingratos.
La mano levantando,   965
me halaga con la cola,
aquella mano sola
asienta poco y blando
¡válgame Dios!, ¿qué tiene?,
parece que enseñándomela viene.   970
Algo el alma sospecha,
estoy para tomalla,
quiero mejor miralla,
un pedazo es de flecha,
no en balde se llegaba,   975
mas no entendí que médico buscaba.
Espera, espera, amigo,
saquésela, ¡oh, qué ufano
está de ver su mano!
Aquí traigo conmigo   980
un bálsamo precioso
que ha sido en mis heridas milagroso.
Con este lienzo quiero
atársela, a ventura
mi vida está segura,   985
¿cómo va, compañero?
Casi responder quiere,
la lengua saca, por hablarme muere.

Amigo, a mí me sigue
mucha gente este día,   990
mas vuestra compañía
me dice que mitigue
el miedo reducido,
ven y enséñame porque voy perdido.

Fin de la segunda jornada

Jornada tercera

Sale[n] Ariodante y Parmenio.

Ariodante   Decís, en fin, que el Cónsul queda en Roma.

Parmenio   Llegó dándole Roma el mismo aplauso
                 que a Cipión cuando por este triunfo
                 apellido le dieron de Africano,
                 y huélgome, Ariodante generoso,   5
                 que desde que a Cartago le dio Roma
                 nuevo perdón y recibió en su amparo
                 tengas desta ciudad la prefectura.

Ariodante   Cúpome en suerte y sabe el alto Júpiter
                 que me ha pesado de aceptar el cargo   10
                 porque me mandan que me parta a Roma
                 con un presente y las juradas parias
                 a que nos obligamos desde el día
                 que levantó su campo el cónsul Léntulo.

Parmenio   No te pese, Ariodante, de ir a Roma   15
                 porque verás a la cabeza insigne
                 del mundo todo cuyo hermoso cuello
                 no menos es que siete montes altos,
                 sin otros edificios y grandezas
                 que fundaron en sus nobles hombres,   20
                 venciendo los pirámides de Egipto
                 que a la bárbara Menhs dieron nombre.
                 En el del Cónsul y el Senado vengo
                 a pedirte, Ariodante, que me guíes
                 en la aspereza de los montes de África,   25
                 donde vengo a cazar diversas fieras
                 para un gran espectáculo que hace

Roma a su pueblo en nombre del gran César.

Ariodante   Parmenio, bien serás de mí servido
en cuanto a caza de animales loca,   30
que desde mis primeros tiernos años
ha sido mi ejercicio y más agora
que desde que murió mi esposa amada,
Flora, la más hermosa, la más bella
y divina africana que ha nacido   35
del universo mundo en las tres partes,
tengo la soledad por compañía
y lo que hurto al gobierno doy al monte,
mas ¿qué animales quieres y a qué efeto
quiere Roma animales? ¿No le basta   40
ser señora absoluta de los hombres?

Parmenio   Oye, Ariodante, porque más te asombres:
Cuando de alguna vitoria
vuelve algún cónsul romano
o el gran César dictador,   45
Roma le aguarda con arcos.
En ellos pone inscripciones
de sus hechos soberanos
y retrata las batallas
que trata con sus contrarios.   50
Son de hermosa arquitectura
con mil colunas y cuadros,
muchas veces contrahechos
y muchas de jaspe y mármol.
No puede una gran ciudad   55
con más insigne aparato
recebir a su señor
que por un arco triunfando.
Que aunque no es fiesta es grandeza

que cifra el poder humano,   60
que hacer puerta a un hombre solo
es darle nombre de Magno.
Si para que entren mil pueblos
las puertas se fabricaron,
cuando se hacen para uno   65
que es más que todos es llano.
La entrada es cosa soberbia,
allí Roma muestra claro
que es la cabeza del mundo
y el César, del mundo espanto.   70
Van los caballos ligeros
con sus escudos y dardos
y con los arcos turquescos,
los archeros de a caballo.
Con sus jacos jacerinos   75
los hombres de armas romanos.
El lucido morrión,
coronado de penachos,
las enseñas que en un asta
es una águila volando   80
cuyos pies un tafetán
ciñe con lazada y lazos.
Va luego la infantería,
vélites y sagitarios
con otros que tiran hondas,   85
como los corzos y sardos.
Los aquilíferos luego
y alféreces draconarios,
con los que llevan del César
imágenes y retratos.   90
Luego el Cavario, que en Roma
solo se lleva el Cavario
delante el Emperador,

a este pienso que llamaron
los españoles Gebón,   95
y es de seda roja un cuadro
guarnecido de mil perlas
por las esquinas y cantos.
Van cohortes, van centurios,
tormas, falanges y cabos,   100
los prefectos y cuéstores,
los cónsules y legados.
Ya habréis visto en mil pinturas,
que de contar fuera largo,
los esclavos, los despojos,   105
laurel y dorado carro.
Después desto y de otras fiestas
fíngese un mar que este teatro
de una batalla naval
con mil galeras remando.   110
Otras veces en el foro
echan animales bravos
a quien los esclavos echan
a la muerte condenados.
Mejor que los españoles   115
este regocijo hallo,
pues que los hombres sin culpa
echan a los toros bravos.
Que Roma solo condena
los delincuentes y esclavos   120
y por estas fieras vengo
a los montes africanos.
Llevaré el hambriento lobo
y el oso que duerme tanto,
aunque en africano nace,   125
y el león y el ypolapo.
El cefo y el catobleto,

| | y el rinoceronte bravo,
el elefante ingenioso,
el monopo y el tarando.
El tigre y el jabalí
y otros animales bravos,
que jaulas de hierro y naves
para cuatrocientos traigo. | 130 |

| Ariodante | Parmenio, algunos de esos tiene el África,
otros nombras que nunca he visto en ella.
Si quieres hoy salir haré que al punto
se aperciban caballos y criados. | 135 |

| Parmenio | Gente bastante tengo para todo. | |

| Ariodante | Más importan, Parmenio, los villanos,
que al fin tienen noticia de los montes. | 140 |

| Parmenio | Pues vamos, que con ellos hoy querría
hacer una famosa montería. | |

(Vanse y sale Andronio.)

| Andronio | Tres meses ha que en estos montes vivo
huyendo de la furia de un romano,
huésped de un animal noble africano
de quien sustento liberal recibo.
No se ha mostrado al beneficio esquivo
de sacarle la flecha de la mano,
yo sí a mi Flora por aquel tirano
pues que la dejo y ando fugitivo.
¡Oh, cuánto los ingratos son culpados!
Quien agradece la piedad ajena
notablemente a Júpiter obliga, | 145

150 |

reserva el cielo de otros mil pecados 155
para otra vida su castigo y pena
y al que es ya grato en esta le castiga.

(Sale el león con un conejo en la boca.)

Mi buen huésped ha venido,
huélgome que corra y ande,
¡oh, qué cuidado tan grande!, 160
ya la cena me ha traído.
¡Ay!, hombres que aquestos veis,
¿cómo podéis ser ingratos?
¿Cómo vais traidores tratos
a quien buenos los debéis? 165
Solo sacar una flecha
de una mano las dos manos
pagan ansí, en los humanos
esta virtud aprovecha.
¡Oh, cuánto se agrada el cielo 170
que la tengan los mortales!,
pues hasta los animales
muestran en ella su celo.
Compañero, ¿habéis comido?,
creo que dice que no, 175
de mi cena se acordó,
la suya ha puesto en olvido.
Ea, buen huésped, al monte,
buscad cena para vos
que aquí no hay para los dos. 180
Mirad que en nuestro horizonte
va Febo desamparando
y que lugar no tendréis.
¿Qué decís, que volveréis?
Volved que os quedo esperando. 185

Ya se fue mi buen amigo,
basta que me entiende ya
el trato que no podrá,
¿dónde habrá mejor testigo?
Si entre un hombre y un león   190
esto puede el trato hacer,
en lo que es hombre y mujer
hará una eterna afición
a divina compañía,
a milagrosa amistad.   195

(Dentro.)

Voces   ¡Por acá, por acá echad!

Andronio   ¿Qué es esto? ¡Ay, desdicha mía!
                ¿Cómo es esto?, que ha tres meses
                que voz de hombre a mis oídos
                no tocó.

Otro   Que vais perdido,   200
                echad por estos cipreses.

Andronio   ¡Ay de mí, si son romanos!

Otro   ¡Hola, aho!

Otro   ¡Hola, a la cuesta!

Andronio   Gente de mi tierra es esta,
                sin duda son africanos.   205
                No tengo que me esconder,
                antes me quiero informar
                si se ha perdido el lugar

o se pudo defender,
y por ventura con ellos   210
podré volverme a Cartago.

(Salen Parmenio, Belardo, Feliciano y Garcelo, cazadores.)

Parmenio   Cielos, si esta presa hago
               yo le suelto los cabellos
               desde hoy más a la ocasión.

Andronio   Bien asegurarme puedo,   215
               al todo he perdido el miedo,
               que estos, cazadores son.

Belardo   ¡Hola, aho!

Feliciano   ¡Hola!, Belardo,
               ánimo agora tened.

Belardo   Que en mi vida vi, creed,   220
               un animal tan gallardo.

Feliciano   Tiralde, pues venís vos
               de perros tan bien guardado.

Belardo   La sangre se me ha bajado
               a los tobillos, ¡por Dios!,   225
               ¿quién me trujo a mí a cazar
               leones?

Feliciano   No sois persona.

Belardo   ¿No era mejor una mona
               que se dejara tomar?

Feliciano	¿Esa es caza?	
Belardo	¿Qué mejor?	230
	¿Un león para qué es bueno?	

(Dentro.)

Garcelo	¡Hola, Belardo, aho, Feliciano!	
Belardo	Muriendo voy de temor.	
Feliciano	Echa por el romeral	
	que junto al arroyo estoy.	235
Garcelo	¿Al romeral?	
Feliciano	Sí.	
Garcelo	Ya voy.	
Belardo	En mi vida he visto tal,	
	¡qué barba tiene!, a la tierra	
	le llega un gran vellón.	
	Puede ser ese león	240
	ermitaño en una sierra.	
	Pues la cola voto a mí,	
	que a medir con ella el paño	
	que en una vara o me engaño	
	pudieran vestirte a ti.	245
	Parece que en ello topo,	
	no sé si es cola o si es rabo,	
	que tiene una borla al cabo	
	tan grande como un guisopo.	

| Feliciano | Calla, ¿de eso te recelas? | 250 |

| Belardo | ¡No queréis que me dé enojos!
Voto al Sol que tiene los ojos
como si fuesen candelas. | |

| Feliciano | Luego no le tirarás
con esa una flecha sola. | 255 |

| Belardo | Si vos le asís de la cola
yo le daré por detrás. | |

| Feliciano | ¿Cómo no? Garcelo llega. | |

(Sale Garcelo.)

| Garcelo | Gracias a Dios que os veo. | |

| Feliciano | Tente. | |

| Belardo | ¡Qué gesto que veo!
¡Oh, cuánto el temor me ciega
que pensé que era el león! | 260 |

| Garcelo | ¿No miras que soy Garcelo? | |

| Belardo | ¿Dónde, pesar de mi abuelo,
queda el demás escuadrón? | 265 |

| Garcelo | Ya vienen todos aquí. | |

(Salen con venablos Parmenio, Ariodante y Fortunio.)

Parmenio	El león es extremado.
Ariodante	Bien dio en la red.
Feliciano	¡Qué enojado!
Belardo	¿Está ya en la red?
Fortunio	Sí.
Belardo	Quítame esta perrería, 270 tal aquí válgate el diablo.
Parmenio	¡Qué bien pusiste el venablo cuando envestirte quería!
Ariodante	Estoy muy ejercitado.
Andronio	Aún hay romanos ¡ah, cielos! 275 A mis montañas apelo.

(Vase.)

Ariodante	Las ramas se han meneado.
Fortunio	Este ha sido que cayó.
Ariodante	Sin duda que es animal.
Fortunio	Levántate.
Belardo	Estoy mortal. 280
Ariodante	¿No viene el león?

Fortunio	Que no.
Parmenio	¡Huy, un hombre escucha!
Ariodante	Mas huye.
Parmenio	¡Tente o matalde!
Andronio	Esperad, yo iré.
Parmenio	Tiralde.
Ariodante	Eso es crueldad.

Parmenio   No era mucho,   285
que este infame es un esclavo
del Cónsul, que aquí te echó.
¿No eres tú?

Ariodante   ¿Quién sino yo?

Parmenio   A Júpiter santo alabo.
¿Qué más extraño animal   290
no pude llevar a Roma?

Andronio   Parmenio venganza toma
de un esclavo desleal.
Mas sin llevarte fatigas
animales de gran cuenta   295
mira, que tu fama afrenta
que llevas a Roma hormigas.
Entre fieros animales,
¿qué podré yo parecer?

Parmenio	El mayor, pues en el ser	300
	solo veréis desiguales.	
	Que en las fierezas que has hecho,	
	si a contemplarlas te pones,	
	es afrentar los leones	
	llevar con ellos su pecho.	305
Andronio	Hidalgo cartaginés,	
	de tu patria soy, no dejes	
	que me lleven.	
Ariodante	No te quejes,	
	esclavo, de mí después,	
	que puesto que libre estoy	310
	también soy de Roma esclavo.	
Andronio	¿Rindiose Cartago?	
Ariodante	Al cabo	
	se rindió.	
Andronio	¿Quién eres?	
Ariodante	Soy	
	este año su Prefeto	
	y a Roma tengo de ir	315
	con Parmenio, en que servir	
	te puedo en mayor aprieto.	
	Si eres del Cónsul yo haré	
	que allá te dé libertad.	
Andronio	A los pies, por tu piedad,	320
	mi boca es razón que esté.	

	¿Cómo es tu nombre?	
Ariodante	Ariodante.	
Andronio	¿Fuiste alguna vez a Tiro?	
Ariodante	¡Ay de mí!	
Andronio	En ese suspiro te conozco de adelante.	325
Ariodante	Desposado estuve en él.	
Andronio	Basta, no me digas más.	
Parmenio	Bueno en pláticas estás con un bárbaro cruel.	
Andronio (Aparte.)	Este es aquel Ariodante de quien vino huyendo Flora. Sin el descubrirse agora pudiera serme importante. Pero en mejor ocasión le diré mi desventura.	330 335
Parmenio	Ya, Ariodante, no procura el Cónsul mejor león.	
Ariodante	Con este y con los demás a Roma nos embarquemos.	
Andronio	¡Ah, cielos!	
Parmenio	No hagas extremos.	340

Ariodante	Calla, que conmigo vas.
Belardo	¿No nos iremos con ellos?
Feliciano	Sí, vamos a la ciudad.
Belardo	Y aquestos perros tirad, que no puedo detenellos.

                                                                                              345

(Vanse y salen Flora y el Cónsul, y Oracio.)

Léntulo	Con extraña resistencia te defiendes de mi amor.	
Flora	De mi nobleza, señor, es esta honesta violencia.	
Léntulo	Antes, del amor pasado, de aquel tu esclavo ya muerto.	350
Flora	Que le tuve amor es cierto.	
Léntulo	¿Y que no le has olvidado?	
Flora	El no le pensar cobrar y el saber que me dejó, algo de mi amor quitó, mas no le puedo olvidar.	355
Léntulo	Pues ¿una cosa imposible, Flora, se puede querer?	
Flora	Querella no puede ser,	360

	quísela siendo imposible.	
Léntulo	Pues en cesando de ser	
	posible se ha de olvidar.	
Flora	Amor no es nave en la mar	
	que algún rastro ha de tener.	365
	¿Y cuándo tú has visto fuego	
	que sin él pueda dejar	
	por algún tiempo el lugar	
	donde estribó?	
Léntulo	No lo niego,	
	pero si queda el calor	370
	después del fuego partido,	
	quien siempre el fuego ha tenido	
	tendrale mucho mayor.	
	Yo soy quien desde aquel punto	
	que te vi nunca dejé	375
	el fuego en que me abrasé,	
	que aquí me le tengo junto.	
	¿Tú de quien ya se partió	
	te puedes doler de mí?	
Flora	No esperes que diga sí.	380
Léntulo	Sí dijiste envuelto en no.	
	¡Ah, cruel esclava ingrata!	
Flora	Vete, mi señor, agora.	
Léntulo	¿Qué tienes?	
Flora	A mi señora,	

| | que me martiriza y mata. | 385 |

| Léntulo | Ea, dame aquesa mano
solo para que la bese. | |

| Flora | Cuando la mano te diese
lo demás estaba llano.
Vete con Dios que está allí
Oracio. | 390 |

| Léntulo | Dél me fíe;
dile, Oracio, que me dé
la mano. | |

| Flora | ¿Tú, Oracio, a mí? | |

| Oracio | Ea, no seas extraña,
da la mano a mi señor. | 395 |

| Flora | Vete, que tengo temor. | |

| Léntulo | Con esto Flora me engaña,
dame esa mano siquiera. | |

(Sale Julia.)

| Julia | ¡Harto, Cónsul, te comides!
¿La mano a Flora le pides? | 400 |

| Flora | Muerta soy. | |

| Léntulo | Detente, espera.
Quiérola, Julia, casar
con Oracio y en estrenas | |

	pide la mano que a penas	
	se la ha dejado tomar.	405
	Yo por fuerza se la así	
	porque se la diese a él.	
	Dásela, por Dios.	

Julia   ¿Que dél
es el amor?

Oracio   Julia, sí
quiérome casar con ella,   410
si la queréis libertar.

Julia   Pues ¿quién te la ha de negar?

Oracio   Es Flora en extremo bella.
Y una vez hecha liberta
envidia mil me tendrán.   415

Julia   Sea para bien, Capitán,
que de todo estaba incierta,
dale la mano por mí.

Flora   Por ti se la doy, señora.

Julia   Ya tienes marido, Flora.   420
Léntulo, vamos de aquí.

Léntulo   Vamos y darete traza
cómo se haga el casamiento.

(Aparte.)   (En cuanto le he dicho miento.)

(Vanse.)

Oracio	El perro más flojo caza,	425
	corre adelante, es ligero	
	y deja la caza atrás	
	y así viene a gozar más	
	que no el que llegó primero.	
	Ya eres, Flora, mi mujer.	430

Oracio   El perro más flojo caza, 425
corre adelante, es ligero
y deja la caza atrás
y así viene a gozar más
que no el que llegó primero.
Ya eres, Flora, mi mujer. 430

Flora   Muerto mi primero amor
tengo a ventura, señor,
venir a vuestro poder.

Oracio   La ocupación que en el foro
trae el Cónsul con la fiesta, 435
a mi pretensión honesta
impide agora el decoro.
No nos podremos casar
hasta que aquesto se acabe,
que en fin es negocio grave. 440

Flora   ¿Y cuándo se ha de acabar?

Oracio   Solo se aguarda a que venga
del África con leones
Parmenio.

Flora   El placer que pones
breve fin, Oracio, tenga. 445

(Vanse y salen Ariodante, Parmenio, Fortunio y Andronio.)

Parmenio   Parece que me sigue toda Roma,
como si yo también animal fuera.

Ariodante   Parmenio, ¿esta es la casa del gran Cónsul?

Parmenio	¿No te parece digna de su oficio?	
	Aquí está un capitán que lo fue en África:	450
	Oracio.	

| Oracio | ¡Oh, buen Parmenio, el alto Júpiter | |
| | te dé lo que deseas! ¿Cómo vienes? | |

| Parmenio | A tu servicio, ¿quién es esta? | |

| Oracio | Flora. | |

| Parmenio | ¡Oh!, hermosa esclava. | |

| Oracio | Mira que ya es libre. | |

| Parmenio | Séalo por mil años. | |

Ariodante (Aparte.)	Santos cielos,	455
	aquesta es Flora, la que muerta en Tiro	
	en sombra vi después junto a Cartago.	

Andronio (Aparte.)	¡Cielos!, no puede haber mayor locura	
	que desear morir un hombre triste.	
	Por más que obligue a ello la tristeza,	460
	cautivo vengo a casa de mi amo	
	y cuando imaginaba hallarla muerta	
	no menos hallo que la misma vida.	

Parmenio	Aquí te queda mi Ariodante en tanto	
	que entro a decir al Cónsul cómo vienes.	465
	Ven, Oracio, conmigo, por tu vida.	

| Oracio | Vamos a hablarle, ¿hay muchos animales? | |

Parmenio	Diversos hallo y un león entre ellos,
	que si al nemeo con aqueste mides
	mayor me juzgarás que el fuerte Alcides. 470

(Vanse y quedan Andronio, Flora y Ariodante.)

Flora	¿Eres, capitán valiente,
	por dicha cartaginés?
Ariodante	Esa es mi patria.
Flora	Y aún es
	causa de mi mal presente.
	Y de suerte, parecido 475
	eres a quien la causa,
	que tu vida despertó
	de un golpe mi amor dormido.
Ariodante	Pues ¿quién piensas que yo fui?
Flora	Un ciudadano arrogante 480
	que se llamaba Ariodante
	por quien mi Andronio perdí
	porque mi padre con él
	me casaba y yo en un río
	fingí echarme y al bien mío 485
	vine a ver huyendo dél,
	donde a entrambos cautivaron
	y él por ella se quedó
	como ingrato y me dejó.
Ariodante	Bien sus obras te pagaron, 490
	tengo noticia bastante

de la historia y aun sé yo
que una noche te encontró
junto a Cartago Ariodante.

Flora	Yo le tuve por Andronio.	495

Ariodante   Y él por muerta, Flora, a ti.

Flora   Que por eso huyó de mí.

Ariodante   ¿Qué más cierto testimonio?
¿Quieres que al Cónsul te pida?,
que soy Prefeto en Cartago   500
y aquí sus negocios hago.

Flora   No pienso verle en mi vida.

Ariodante   ¿Por qué?

Flora   Porque soy casada
con Oracio, un capitán.

Ariodante   Mal, Flora, lo sufrirán   505
aqueste amor y esta espada,
Ariodante soy.

Flora   ¡Ay, cielo!,
pues ¿qué quieres tú de mí?

Ariodante   Llevarte, Flora, de aquí,
si pesa al romano suelo.   510

Andronio   Deja, africano arrogante,
a Flora.

Ariodante	Pues ¿tú, traidor, conmigo?
Andronio	De mi señor es esta esclava, Ariodante. Y aunque dice que ha de ser 515 de Oracio, soldado altivo, no puede porque soy vivo y ha mucho que es mi mujer.
Flora	¿Andronio?
Andronio	Señora mía.
Ariodante	Fortunio, ¿que este es Andronio? 520
Fortunio	No sé, por Dios, si es Demonio, sueño, sombra o fantasía; donde quiera se aparece. Flora, poco gozarás de Andronio y mejor harás 525 de darte a quien te merece. Este viene condenado a las fieras para el foro, que es infamia del decoro de tus padres heredado. 530 Esto así, en África es Prefecto y puedo llevarte a donde puedas honrarte de un noble cartaginés.
Flora	Lo que durare su vida 535 la de Flora ha de durar,

	¿qué más honra que acabar en la empresa pretendida?	
Fortunio	¿Estás loca?	
Flora	Loca estoy.	
Ariodante	Déjala, Fortunio, muera y tendrá Roma otra fiera con que a mí me maten hoy.	540

(Sale el Cónsul y Parmenio.)

Léntulo	Ya sin duda, Parmenio, si hoy tardaras mañana nuestra fiesta concluyera, que el pueblo espera y impaciente dice que anda por mi ocasión todo hombre ocioso, el esclavo que traes es la fiera de más contento que me ha dado el África.	545
Ariodante	Della el Prefecto, Cónsul, tus pies besa.	
Léntulo	No niego, grandemente Roma estima esta puntualidad y en el Senado se trata que os reserve por dos años del estipendio del presidio.	550
Ariodante	Júpiter guarde el César y a vos, Conscriptos Padres, las parias traigo y para ti, un presente.	555
Léntulo	El deste esclavo me ha de dar más gusto, ¿es aquesto?	

Andronio	Yo soy.
Léntulo	Que seas tan fiero que al fin te hayan hallado entre las fieras; indigno eres de vivir entre hombres. Llevalde a una mazmorra donde viva 560 sola esta noche hasta que sea mañana sepulcro de una fiera.
Andronio	Adiós, mi Flora.
Léntulo	¡Ah, Flora, ya estarás contenta agora!
Ariodante	Esta Flora, señor, trocarte quiero a una pieza famosa de diamantes 565 que es un tahalí que dicen en Cartago que fue de Mitrídates, Rey de Ponto. Vale tres mil escudos.
Léntulo	Yo quisiera pero hásenos casado.
Ariodante	¿Está ya hecho?
Léntulo	Los conciertos no más.
Ariodante	Con tu licencia 570 hablaré a su marido que no puede casarse nadie con quien es mi esposa.
Léntulo	¿Que es tu esposa?
Ariodante	De mano y de concierto.

Léntulo	De mano es poco, de impresión es mucho,
	¿qué dices, Flora?

Flora	Que el esclavo solo	575
	es mi primero amor.	

Léntulo	Bien por Apolo.

(Vanse y sale[n] Néstor [y Julia].)

Julia	Vengo muerta de pesar
	de que al esclavo ha traído
	Parmenio para matar.

Néstor	En una cueva escondido	580
	dicen que le vino a hallar.	
	En esta de riscos hecha,	
	tres meses envidia estrecha	
	pasó, mas ¿qué aprovechó?,	
	que a quien la muerte buscó	585
	ningún sagrado aprovecha.	

Julia	Yo le tengo de librar,
	mira tú cómo ha de ser.

Néstor	Querérmelo a mí mandar	
	que te pienso obedecer	590
	aunque dé al Cónsul pesar.	

Julia	Toma la llave y al punto,
	donde está medio difunto,
	camina y tráimele aquí.

Néstor	Voy por él.

Julia	Amor en mí	595
	con la piedad anda junto.	
	Pobre esclavo bien nacido,	
	de buen talle y buena cara,	
	de su desdicha ofendido,	
	que si ella no le mostrara	600
	no estaba mal escondido.	
	Qué trabajos que ha pasado,	
	todos por tener amor	
	a quien mal se le ha pagado.	
	Oféndeme su rigor	605
	y de su lealtad me agrado.	
	Su desdicha no ha de ser	
	tan grande que ha de poder	
	más que mi amor y piedad.	

(Salen Néstor y Andronio.)

Néstor	Procura tu libertad	610
	que esta te vengo a ofrecer.	
	No te detengas aquí	
	más que en besarle las manos	
	a quien te la da por mí.	

Andronio	¡Por los dioses soberanos	615
	que hay grande valor en ti!	
	Aún no merezco tus pies.	

| Julia | No te pares, vete pues, | |
| | antes que alguno te vea. | |

| Andronio | ¿Qué cautivo habrá que crea | 620 |
| | que la libertad me des | |

y que no la quiero yo?
Si esto, señora, supiera,
de la prisión no saliera
donde el Cónsul me guardó   625
para el vientre de una fiera.
Sed todos, cielos, testigos
aunque de mi muerte amigos,
Sol, Luna, esfera, planetas
obras mistas y imperfectas,   630
elementos enemigos;
árboles con frutos graves,
metales de varios nombres,
aguas puras y suaves,
peces, animales, hombres,   635
altas y pintadas aves;
tú, gran Roma triunfadora
a donde vine a morir,
tú, Néstor y tú, señora,
de que pudiendo vivir   640
me vuelvo a morir por Flora.

Néstor   A la cárcel se volvió.

Julia   Escucha, Andronio.

Néstor   Ya es ido.

Julia   Bravo amor.

Néstor   No entiendo yo
                que se haya escrito ni oído.   645

Julia   La vida a la muerte dio.

Néstor	¿Quién habrá que no se espante
	del notable proceder
	deste hombre?

Julia	Roma triunfante
	estatua le puede hacer	650
	por hombre en amor constante.

(Vanse y salen Cayo, Fabio, Atilio, Rutilio, senadores.)

| Cayo | ¿Está el foro prevenido? |

| Atilio | Todo prevenido está. |

| Cayo | ¿Vendrá el César? |

| Atilio | Bien podrá. |

(Sale Mauricio, ciudadano.)

| Mauricio | Licencia, Senado, os pido | 655 |
| | para acomodar mi casa. |

| Cayo | Mauricio, lugar señalé |
| | donde tu mujer esté. |

(Salen Elorio, Eufemia, Livio, villanos.)

| Eufemia | Mas que no hallamos lugar. |

| Livio | De donde quiera veremos. | 660 |

| Elorio | Mas cosa que en parte estemos |
| | que nos puedan quillotrar. |

Eufemia	Yo si no estoy en muy alto
	no pienso verlo.
Livio	¿De veras?
Eufemia	Sí, porque una de las fieras 665
	no me agarre de algún salto.
Livio	No hayas miedo, Eufemia.
Eufemia	No
	daldos al dimuño, amén
	que agarran de cuanto ven.
Livio	Miedo traigo.
Elorio	También yo. 670
Livio	Diz que hay león que si acierta
	con la cola un azotazo
	suele derribar un brazo.
Elorio	Todo un hombro desconcierta.
	A Benita la de Baños 675
	una hisopada le dio
	que de un lado la dejó
	derrengada por seis años.
Eufemia	¿Saben que dicen que hay tigre?
Livio	¡Tigre, oste puto, que aguarde! 680
Elorio	Yo le vide estotra tarde.

Livio	Quiera Dios que no peligre a sus manos ningún hombre.
Elorio	Y un elefante hay también.
Livio	Diz que una trompeta tien.	685
Eufemia	Calla, que no es ese el nombre.
Livio	Pues ¿cómo?
Eufemia	Hocico la llama, no se enoje si lo sabe.
Livio	Ya tiene un Cónsul la llave.
Eufemia	Y su mujer es mi ama.	690
Léntulo	El César viene.
Cayo	Haced plaza.

(Sale el César.)

César	Cayo, Fabio, es hora ya.
Cayo	A punto, señor, está.
César	Mucho me agrada la traza.
Cayo	El foro máximo es desta grandeza capaz.	695

Atilio	Del tiempo de pertinaz
	ha quedado como ves.
	Sube al teatro y saldrá
	el primero delincuente.	700

| Cayo | ¡Hola, salgan brevemente! |

| Atilio | Ya un hombre en la plaza está. |

(Sale Andronio.)

Andronio	Ánimo, pecho abrasado
	y corazón bien nacido,
	si este punto habéis temido	705
	al postrero habéis llegado.
	No ha sido tal vuestra suerte
	que esta se llame caída
	y a quien le causa la vida
	es apacible la muerte.	710
	Ea, romanos, mirad
	cómo aquí se os representa
	aquesta imagen sangrienta
	de vuestra fiera crueldad.
	Veisme, romanos, aquí,	715
	con soberbia tan romana
	que sola una alma africana,
	por quien muero, vivo en mí.
	Ya sale la fiera horrenda,
	de mi cuerpo sepultura.	720
	Cielos, a tal desventura
	mi alma, a vos, se encomienda.

(Sale el león y párese en viéndole.)

Válame Dios, ¿qué es aquesto?
El león se ha detenido,
parece que no ha querido   725
mi pena acabar tan presto:
si fueras lince creyera
que habías, león, ahora
visto el retrato de Flora
o es el pecho vedriera,   730
y mirando su hermosura,
como hombre que está en sagrado
a la imagen abrazado,
respetaste por ventura.
Él a alagarme se allega,   735
con la cola hiere el suelo,
algún secreto es del cielo
que a nuestros ojos se niega;
debe de encerrar en sí.
La mano, por Dios, me enseña   740
con una herida pequeña,
yo estaba fuera de mí.
Perdona, huésped querido,
la falta de mi memoria,
que con la muerte tu historia   745
puso el temor en olvido.
Dame tus brazos mil veces.

César   ¡Por los Dioses soberanos,
               que se abrazaron, romanos!

Andronio   Habeisme dado la vida,   750
               la cura me habéis pagado.

César   ¿Qué juzgáis desto, Senado?

Andronio	Pues, huésped, ¿qué hay de la herida?
	No me fui sin despedirme,
	sabed que me cautivaron 755
	y a las naves me llevaron
	sin escucharme ni oírme.
	Pero he venido a entender
	que así os trujeron a vos,
	luego no hay culpa en los dos. 760
César	¿Qué aguardáis, qué queréis ver?
	Sin duda es encantador,
	bajad, Senado famoso.
Léntulo	Mira, esclavo venturoso,
	que habla el Emperador. 765
(Bajen todos.)	
César	Hombre, ¿qué invención es esta?
	¿Cómo tan fiero animal
	a tus pies con gusto igual
	tiene su arrogancia puesta?
	¿Qué palabras, qué conjuros 770
	le has dicho?
Léntulo	Esclavo, ¿qué es esto?
	¿Cómo a tus plantas le has puesto
	y estamos todos seguros?
Andronio	Noble Emperador de Roma, 775
	alto Monarca supremo
	que a los dos polos del mundo
	alcanzas con solo un cetro.
	Descendientes generosos

de aquel varón que del fuego   780
de Troya sacó a su padre,
estad a mi historia atentos.
Yo soy natural de Tiro
en África y no plebeyo,
que de cónsules romanos   785
es sin duda que deciendo.
Quise aquella hermosa esclava
que entre esa gente os enseño,
de mi tierra natural
y de padres caballeros.   790
Con este joven ilustre,
que es de Cartago Prefecto,
sus padres inadvertidos
casarla entonces quisieron.
Fuime a Cartago celoso   795
a la defensa del Reino,
y ella huyendo en busca mía
quiso averiguar mis celos.
Después de largas historias
fuimos de Léntulo presos.   800
Léntulo, que de Cartago
triunfó con aplauso vuestro,
tratome de suerte entonces
dándome un fiero tormento
que procuré libertad   805
por este y por otros respetos
los cuales, porque a su Julia
la vida que tengo debo,
no los digo ni es razón,
que aunque importaron no puedo.   810
Escapeme de su furia
y por un monte soberbio
caminé con pies humildes

por ver si obligaba al cielo.
Apenas entre las ramas 815
iba el tímido conejo
cuando el temor me formaba
a la espalda todo un pueblo.
Ni las hojas sacudía el más vil,
el más suelto y libre ciervo 820
cuando yo descolorido
daba conmigo en el suelo
entre sombreros castaños,
álamos blancos y negros,
pálidos bojes, encinas 825
rústicas y verdes tejas.
Veo venir un león
y cuando venirle veo
temilo menos que a un hombre,
que un hombre airado es más fiero. 830
Quise huir y fue imposible,
apercebime en efeto
a buscar descanso al alma
por la boca de su cuerpo.
Vile llegar tan humilde 835
que a cobrar ánimo vuelvo,
doy color al rostro, brío
a los brazos y alma al pecho.
Alta la mano traía,
si la asentaba tan quedo 840
que un pájaro no pisara
quien abriera a un tigre el cuello.
Llegó y miró, que aún ahora
parece, por Dios, que le veo
y veo en ella un pedazo 845
de flecha, el hierro dentro.
Saquésela con blandura

y aplicando un lienzo presto
con bálsamo que traía
le curé, extraño suceso.   850
Que a su cueva le seguí
donde tres meses enteros
fui su médico, él mi huésped,
yo pagado y él contento.
Venía por la mañana   855
los ocho días primeros
a que curase la llaga
que después siempre fue menos.
No me faltó la comida
porque era mi despensero,   860
trayéndome caza fresca
entre los dientes sangrientos.
Fregaba un laurel con otro
y en fin, encendiendo fuego
le vi una vez que me trujo   865
también en la boca un leño.
Aguardaba atento a todo
y en quitando los pellejos
iba a buscar su comida
que era negocio más grueso.   870
Andaban a caza un día
Ariodante con Parmenio,
de quien fui otra vez cautivo
y traído al Cónsul preso.
Vine a Roma, donde entrando   875
en esta plaza ser muerto
hame conocido el león,
cautivo en el mismo tiempo.

César   Por los Dioses que merece
           uno, estatua y otro, templo,   880

	y para que quede ejemplo,	
	que se labre me parece.	
	Aprendan aquí los hombres	
	de los fieros animales	
	a ser gratos y leales.	885

Léntulo   Justo es que vivan sus nombres.
             De mármol se labrarán
             para que quede en memoria
             y el suceso desta historia
             en estas letras pondrán: 890
             «Este fue el huésped del hombre
             y este el médico del león.»

César   Sí, que con esa inscripción
             se inmortaliza su nombre.
             Pero, Léntulo, por mí   895
             a tu esclava le han de dar.

Léntulo   A los dos quiero casar.

César   ¿Querrá Julia?

Julia   Señor, sí.

Ariodante   Yo cuando vaya a Cartago
             conmigo los llevaré,   900
             que de mi primera fe
             con esto me satisfago.

Flora   Mi mano y mis brazos toma,
             esposo resucitado.

Andronio   Aquí da, noble Senado,   905 fin el esclavo de Roma.

Fin de la comedia

Libros a la carta

A la carta es un servicio especializado para

empresas,

librerías,

bibliotecas,

editoriales

y centros de enseñanza;

y permite confeccionar libros que, por su formato y concepción, sirven a los propósitos más específicos de estas instituciones.

Las empresas nos encargan ediciones personalizadas para marketing editorial o para regalos institucionales. Y los interesados solicitan, a título personal, ediciones antiguas, o no disponibles en el mercado; y las acompañan con notas y comentarios críticos.

Las ediciones tienen como apoyo un libro de estilo con todo tipo de referencias sobre los criterios de tratamiento tipográfico aplicados a nuestros libros que puede ser consultado en Linkgua-ediciones.com.

Linkgua edita por encargo diferentes versiones de una misma obra con distintos tratamientos ortotipográficos (actualizaciones de carácter divulgativo de un clásico, o versiones estrictamente fieles a la edición original de referencia).

Este servicio de ediciones a la carta le permitirá, si usted se dedica a la enseñanza, tener una forma de hacer pública su interpretación de un texto y, sobre una versión digitalizada «base», usted podrá introducir interpretaciones del texto fuente. Es un tópico que los profesores denuncien en clase los desmanes de una edición, o vayan comentando errores de interpretación de un texto y esta es una solución útil a esa necesidad del mundo académico.

Asimismo publicamos de manera sistemática, en un mismo catálogo, tesis doctorales y actas de congresos académicos, que son distribuidas a través de nuestra Web.

El servicio de «libros a la carta» funciona de dos formas.

1. Tenemos un fondo de libros digitalizados que usted puede personalizar en tiradas de al menos cinco ejemplares. Estas personalizaciones pueden ser de todo tipo: añadir notas de clase para uso de un grupo de estu-

diantes, introducir logos corporativos para uso con fines de marketing empresarial, etc. etc.

2. Buscamos libros descatalogados de otras editoriales y los reeditamos en tiradas cortas a petición de un cliente.